2012大覺醒—
內在誠信讓生活成為一個靜心

To see is to be free

李瑋如　著

博客思出版社

The journey begins and ends with the awareness of who you truly are.

靈性的旅程開啟於了悟本性，也終結於了悟本性。

~Sri Amma Bhagavan

Sri Bhagavan談人類必須要覺醒

如果你沒有覺醒，那你根本就不算是一個「人」，我的意思是，如果你沒有覺醒，那麼你過得比動物還慘，動物事實上比人類過得還好，人類是被設計要開悟覺醒的，人類必須覺醒，如果你沒有覺醒就不算是人類。

看看你的生活，你的生活裏有什麼？每天一樣的行程，你出生，你上學，一直上到大學，學校中有很多的競爭，你必須為考試而用功，拿到好成績，也許考一些試，讓你得到某個職位，然後你賺錢養家，結婚，有了小孩，一樣的行程又開始重複，事情如此繼續著，一樣的要為生活奮鬥、要對抗，那兒有什麼，告訴我，這些有什麼意義嗎？你就是這樣的活著，你活著基本上是因為你害怕死，所以你這樣持續著，告訴我這樣的生活有何意義？每天喝同樣的咖啡，同樣的早餐，還有中餐，晚餐，一樣的報紙，也許會有些微變化，但你的生命裏有什麼？就我看來，你只不過是存在著，並沒有在生活，你存在，因為你害怕死亡。

這不是人類應該的樣子，造物主不是要設計你去公司、工廠上班謀生而已，這難道是宇宙創化的理由嗎？生命是這樣被設計的嗎？怎麼可能會是這樣子的！我並不是說你不應該去公司、工廠，你需要這麼做，但是你要有意識，你必須能如實的經驗事實，當你可以如實的經驗生命時，那你就是人類，你會知道走路的喜悅、呼吸的喜悅、存在的喜悅，當那個發生，你會有無條件的快樂、法喜，當你快樂，你有可能會傷害別人嗎？不，只有不快樂的人會傷害別人，並製造出一個悲慘的世界，為自己製造痛苦、戰爭、貧窮、衝突、一切的一切，而你不快樂是因為你還沒覺醒，如果你開悟，就只會有快樂而已，因為意識將你推進法喜，這才是我們該有的樣子。

除非你覺醒了而且心綻放，否則你還不是真正活著，只有一個建立在合一意識，心在愛中綻放的人，才是真正活著的，不然只是活在頭腦裡，除了慾望恐懼外什麼都沒有。人類存在最大的悲劇是，人甚至無法覺察當下的情況，你可以是最威權國家的總統，或是地球上最富有的人，你依然在受苦，因為只要活在頭腦裡，你所謂的快樂不過是歡樂，很快會轉成恐懼與痛苦，我不是在批判你，我只是將你喚醒至喜悅與愛，當你的心綻放時，這就會發生。你可以是最貧窮的人，在廣大的世界中默默無名，但是心中有愛，你就是在天堂；一個未覺醒的人縱使擁有精神、經濟、政治的力量，他仍舊活在地獄裡。

我們不該那樣的活著，這就是我為什麼在此工作並帶來開悟的原因。

【推薦序】

無意間撒下的一顆種子，竟在日後造就一片森林。

從過去沒沒無聞到今天數百萬人接受過合一祝福的啟蒙，合一運動為何在遽變的時代會如此備受接納和推崇，合一對世界的終極貢獻是什麼？什麼是合一教導的核心？阿瑪巴關是誰？以及他們對地球的使命是什麼？當你看完這本書之後，自然會有答案。我很高興瑋如完成了許多台灣傳導師的心願，願合一的智慧能夠因為此書而照亮更多人的心靈角落。

二〇〇五年因為喇哈夏Rahasya到台灣捎來了印度合一大學的訊息，我遂啟程到印度展開二十一天的覺醒之旅，去之前我真的不知道為什麼要去那裡，去了之後我終於知道為什麼要去那裡了。那二十一天彷彿是生命從一個蛹變成一隻蝴蝶的奧秘之旅，我經歷了一場身心極大的巨痛，像是生命的終結一般，但結果是我重生了。接下來，巴關召見我和他進行單獨面談，在巴關座前與祂同在的經驗真是殊勝和恩寵，巴關就如同一位精通心靈手術的醫生在我身上拿掉一些原本不屬我的東西，或者說祂像一位心靈魔法師在

2012大覺醒—
內在誠信讓生活成為一個靜心

我本性施展揭露真相的魔法，從此我與合一大學結下不解之緣，至今我到印度合一大學已經二十趟了，先後帶領近兩百多位朋友去印度親身經歷這場無法言喻的悟道旅程，並且被點化成為合一祝福傳導師，這個結果是我始料未及的。

如果你問我：「究竟是什麼原因驅使我如此醉心於推動台灣合一運動？」其實答案只有一個，因為巴關有一個偉大的洞見，祂看到人類歷史上一個極大的可能性，那就是二〇一二年全人類有一個機會能夠集體覺醒，我深深地被這個美夢吸引，我想要和巴關一起做這個夢，並且貢獻個人棉薄之力，為合一盡一些心力，好讓這個夢能夠實現。

看完這本書之後，我有很多的感動，因為合一教導的中文書籍一直乏善可陳，更是缺少完整性，我相信瑋如對合一教導一定有深刻的體悟，才能撰寫出如此深入淺出的道理，她也一定是深愛著阿瑪巴關和合一大學，才願意與我們分享這份傳承已久的靈性智慧。這幾年來屬於印度合一的記憶，都讓我在書中遇見它們的影子，看著書，也跌了這幾年早已模糊的歲月痕跡裡，在台灣這條從無到有的合一小徑，已有許多人走過，未來可能會有更多的人循跡踏過。此刻，當我腦海裡一一劃過這群與我一起披荊斬棘的開路先鋒者，內心便不止地湧上一股一股的暖流，滋潤著我整個人的心。我很感激這群曾經一起踏上合一旅程的勇士們，謝謝你們沒有讓我孤單地走著，因著你們的愛和力量，我們一起探訪和發現生命的奧秘，也一起獻上我們的祝福給這個地球。

最後我想要告訴瑋如，妳寫出的這本關於合一的書，有如阿瑪巴關的親臨，透過妳的手所轉換而成的文字，已經攜帶著無比的力量和祝福，它將發揮的影響力遠超越我們所能夠想像，妳會在每一位讀者心中種下合一智慧和覺醒的可能性，謝謝妳的愛和耐性地完成這本書，我和全體台灣傳導師都以妳為榮。

准提新境心靈工坊暨台灣合一祝福起源中心 創辦人Anand Sada

【作者序】

意識的成長是永無止盡的歷程

我不是一個悟性很高的人，但是我絕對是一個勇於探索自我的人和一個愛哭鬼，這也許是在還很年幼的日子裏，「我是誰」這個問題就不斷困擾著我有關。因為神聖的召喚，我踏上了追尋的旅途，回顧在印度合一大學第一階二十一天的旅程之後，我從平淡無波的日子裡頭掉進了所謂靈魂的暗夜之中，那份不知道是什麼的痛巨大到難以承受，覺知把那深埋在冰山之下的巨大恐懼都拉了出來。合一(Oneness)的旅程，從渴望、期待、懷疑、後悔、幻滅，到如實如是的解脫自由，這中間是層層深入的自我內在旅程，許多對對錯錯的靈性概念都被導正，在恩典的沐浴下，使我不至於成為一個在靈修旅途中那個走的漫長又寂寞的求道者；然而，那些對對錯錯的修行，也都成了重要的體驗，充滿著神聖的安排。寫這本書是因為真正的踏入內在的旅程後才發現Sri Amma Bhagavan的教導處處是寶藏，所以不揣譾陋的想要分享自己的靈修軌跡，更想邀請大家一起來踏上覺醒之旅。因為，我們來到這裏，就是為了要醒過來。

靈修不是在課堂中、蒲團上、教堂裏，修行不只是一直在靜心冥想，更重要的是在生活中實修，在各種衝突中去更深入的看見你是誰，當我們一一體驗生命，一一穿越課題，穿越了恐懼，就會發現寧靜與愛，生命中的每一個片刻都提供了靈性成長的機會。

所有來到我身邊使我陷入困境的人、事、物、境，真的都是小天使，給我帶來功課與靈性的成長的機會，使我更深入的看見自己，他們都是深深愛著我的。感謝一切以神性包裝的挫折與傷痛，他們都是我生命中最最感念與最愛的人，他們都是我的拯救者，謝謝你們，也深深的祝福你們。

如果不是父親以死亡帶來的傷痛，我不會探索生命，我不會探索自己，我不會看見自己有濃的化不開的分離恐懼，是爸爸拉我上路的；如果不是母親患病，我不會看見內在本然存在的分裂與虛無；如果不是女兒愛頂嘴，我不會發現我自我中心的愛只會害人害己而已；如果不是與先生的相處模式，我不會照見自己內心深處的恐懼；如果不是那一杯讓我心悸的珍奶，我不會那麼深刻的察覺到自己的人生課題；如果不是那一年的學生常給我找麻煩，一顆想幫忙的心就帶領我踏上了印度合一大學的旅程；如果不是還有令我討厭的人，我不會看見那個需要療癒的人其實是我，如果不是先生與母親的犧牲與成全，我也無法去印度合一大學，那時我的兩個孩子，一個三歲半，一個才兩歲。

如果不是神……。

神，也就是我們的內在大我，透過生命帶來了這些人與事，帶來了生命中的雲翳，然後造就了一個美麗的黃昏，感謝生命中有痛，在我穿越一層又一層的人格認同後，我真的愈來愈愛我自己了，當我愛上自己時，所有的人都呈現出他們的可愛。

這些體悟有時很難被妥適的描述，言語捉不住經驗，你一定得親自體驗，在你的內在發現這些真理。

現在我仍然還有許多小我的限制，仍然有許多的恐懼，但我不再是那個被它操控的傀儡，每當內在有衝突時，我幾乎能立即覺察到內在的真相，雖然仍有一絲絲想要消除它、對抗它的慾望，但是連這樣的慾望也能很快的被我覺察，當然偶爾我也只能作到**看到**自己的無意識反應。愈是深入「內在誠信」的覺察，就愈愛上經驗創傷與恐懼的藝術，每次都是流著汩汩的熱淚，五內翻湧，心跳加速，胃酸過多，手腳冰冷……，覺察這些身體的反應與心中流過的思緒的同時，似乎還能在那個底層感覺到喜悅與愛的伏流在波動呢！而最終所流下的，都是屬於愛的眼淚，然後知道，哭與笑同源。

以前的我沉溺於解決問題、對抗生命，現在的我初嚐到隨順的滋味，隨順宇宙生命的洪流，以前因為與之對抗所造成的生命漩渦，現在慢慢的成了優雅的漣漪，恐懼中有優雅、憤怒中有優雅、自責中有優雅……，雖然不知道祂要流到哪裏，但就是會信任。

感謝神、感謝整個宇宙、感謝Sri Amma Bhagavan向我伸出祂們的手，you really got me！

意識的成長是永無止盡的歷程，與大家共勉。

目錄

【目 錄】

【目錄】

【目 錄】

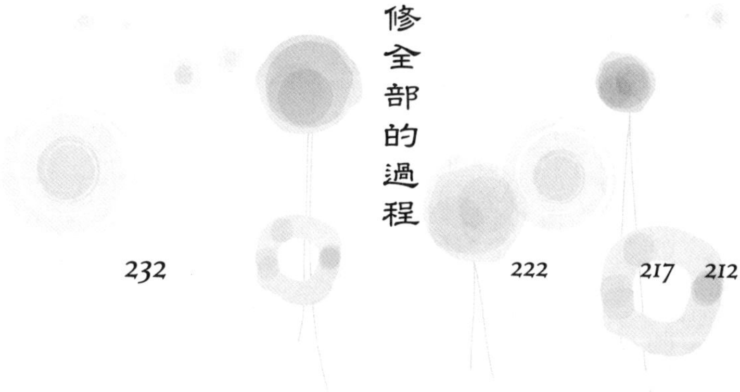

導言

本書是基於南印度兩位神的化身—Sri Amma Bhagavan(譯為巴關、阿瑪)給出的教導而寫的，祂們的教導若用一句話來涵蓋，那就是「內在誠信」，也就是覺知，強烈的覺知，強烈的覺察當下內在的狀態，並對它保持真誠。

全書分為九章，並沒有一個次第上先後的排列，在這裏沒有道途，我們不談道途，因為第一步就是最後一步了，這在第一章花了較多的筆墨陳述，所以讀者可以在第一章之後隨喜好隨意的翻閱，當然，這裏的每一章都關乎「內在誠信」，因為「內在誠信」是靈性全部的過程了。就如扉頁裏巴關的那句話：「The journey begins and ends with the awareness of who you truly are.」內在的誠實讓我們意識到我們真正是誰。

除了第二章與第七章外，每一章的最後都附有與該章相關的教導，這是我透過個人的實修直接體證Sri Amma Bhagavan的法，這樣的法讓我們知道，我們就是我們自己的大師，教導是在內在被體驗的，教導都存在於我們的內在，如果沒有實修體證、如果沒有深深的踏入自己的內在，這些教導就都只是蒼白的理論而已。

神的化身

根據巴關的揭示，地球由「一」(合一)變成「多」(分裂)已經十三點五億年了，並且已進入黃金紀元的籌備與孕育的時期，地球將在二〇一二年正式進入一個新的世代(Yuga)，並開啟下一個十三點五億年，第二個十三點五億年是回到「一」的黃金紀元，或者叫Sathya Yuga的世代。

在過去的十三點五億年的地球生命裏，神已經有好幾次的化身(incarnations) 來作為祂們在地球的表現形式，而阿梵達(Avatar)就是神最常見的化身，巴關、阿瑪是兩位公認的神人，為人類顯化了許多的奇蹟，巴關被認為是Kalki Avatar，Kalki指的是Shiva神的轉世，意思是鏟除黑暗。地球上有許多不同的神的化身，祂們都是為了人類來到這顆星球，不只是阿瑪、巴關為了這項任務來到這裏，從古至今所有的成道的大師，偉大的光的存有們都來參與這項工作。所有神的化身都來自於一個單一的無形能量，不必著相。

祂們以化身來到地球都有一個非常具體的目的，當祂們完成這個目的，在地球上的化身也就結束了，而巴關、阿瑪來到地球的目的就是為二〇一二的地球帶來集體的開悟與揚昇，以便順利進入黃金紀元。「合一大學」是祂們為了實現這個願景所建立的靈性學校，這是巴關、阿瑪對人類無條件的愛。Sri Amma Bhagavan：「**我是為了二〇一二降生在這個星球的。**」從古至今，Avatar們降臨地球，點燃了少數人覺醒的力量，而巴關、阿瑪點燃的是地球群體意識的神性，相同的意識以各種不同的名稱稱呼，如：基督意識、佛陀意識、合一意識。而巴關為了這次的大覺醒已經準備了八百年。

關於二〇一二

地球於一九八九年切進了銀河的光子帶，那一年發生了非常多的事情：東西柏林圍牆的倒塌、美俄冷戰的結束、天安門事件、共產主義的垮臺……。一九八九年就是黃金紀元新時代開始在子宮中孕育的時期，孕育期約二十三年，在二〇一二年的十月到十二月嬰兒就會出生，當能量轉變時，我們就可以運用這個能量進入更高的意識層次，這個能量將有利於我們開悟，從二〇一二年至二〇三五年，人類意識將有巨大的覺醒發生，許多的內在轉化即將發生。

這是人類史上最重大的事件，也是人類史上從來沒有過的事，在未來幾十年內，不只人類在覺受上會經歷一個量子式的跳躍，不是只有我們的行星覺醒，而是所有的宇宙萬物也都會覺醒，這代表從萬古以來光明與黑暗的戰爭已經即將結束。

現在試著想像地球上幾千人，幾十萬人，然後幾百萬人開始覺醒產生的覺知能量場，覺知能量場的增加將不只以等差級數成長，而是以等比級數成長。所以，當十個人覺醒，覺知能量場將不是只有成長十倍，而是一百倍：10^2。當一千個人覺醒，覺知能量場將成長一百萬倍：$1000 \times 1000 = 10^6$。當一百萬個人覺醒，覺知能量場將成長一百萬兆倍。想像一下這樣一個能量場對其它萬物的衝擊，也想像一下它對我們的影響，我們將自然而然快速的提昇到如此強大和喜悅的覺知境界，它們將超越目前地球上已知的最高開悟境界。我們也將進入一個未知的領域！

巴關：

「從一九八九年開始，對開悟時代的準備與孕育已由許許多多的靈性運動開展出來。而二〇一二年是新時代的誕生，新時代將在二〇三五年時顯化於外，外在世界的顯化就是黃金紀元。在二〇一二年之前的這階段中會有困難與混亂，在二〇一二年時將會誕生更大的和諧，在二〇一二年，許多人的感知會改變，世界將慢慢進入和諧，人們將更容易在各自的領域有傑出表現，無論是靈性領域、經濟領域、政治領域或任何在二〇一二年時開始的領域。**所有的靈性運動都是為這個轉變在努力！**」

如果一九八九年那一年能量已經如此強烈撼動我們的意識與行為，那麼比它強數百倍的二〇一二年的能量進入時，我們又該怎麼辦？巴關說：

「你們一定有聽過關於鯨魚和海豚常常擱淺和死亡的消息，這是因為牠們在水中沒有方向指引，由於海中沒有招牌或電線桿指引牠們，所以牠們在水中只能靠磁場引導，當磁場因為太陽閃焰而受到干擾，這些動物會被誤導方向，把陸地當成海洋而游向陸地，一旦擱淺，牠們沒有辦法回到海中，因為牠們本身重量等因素，再加上牠們沒有腳，於是牠們就死亡了。

即將發生的太陽閃焰將比過去更劇烈，就像鯨魚和海豚，我們人類也會遭受不同的苦難，像：沮喪、自殺傾向和心臟病。

太陽閃焰每十一年發生一次，有一些太陽黑子在太陽閃焰裡就像一個壓力鍋，舉例來說，由於蒸汽會釋出，所以壓力鍋不會爆炸，因此它是安全的，但是太陽黑子已經好幾年沒有釋出，太陽閃焰即將在二〇一二年發生，而且會很猛烈，這已經由美國太空總署、瑪雅預言和印度教聖經共同證實，現代科學是非常精確的，而他們預言這會發生在二〇一二年年底。

二〇一二年年底可怖的太陽閃焰將影響地球磁場，在人類的歷史上我們從沒看過如此猛烈的太陽閃焰，前面解釋的所有苦難是地球磁場改變的結果，還有其他原因我們不在這裡討論，那我們要如何處理它呢？我們必須提昇自己本身的電磁場，當我們的電磁場高於地球磁場，它將完全不會影響我們，經由釋放自己，例如藉著成為覺醒者，我們可以做到提昇自己本身的電磁場，當我們的電磁場提昇，無論地球磁場如何改變都將不會影響我們，因此完全的覺醒對我們是非常重要的。

我們(巴關阿瑪)將藉由Mukthi Deeksha(註一)來提昇你們的磁場，巴關阿瑪我們將用我們的磁場來提昇你們的磁場，另外，四十九分鐘的覺醒真言(註二)唱誦也將對這個有幫助，它將讓我們的頭腦準備好來迎接覺醒。

當電磁流流經準備好的頭腦，大腦對唱誦覺醒真言聲音的反應將變快，當大腦準備好，巴關阿瑪我們將用我們的電磁場透過聖鞋來提昇你們的電磁場，然後你們將變成覺醒者，你們的內在世界將準備好，而到時候沒有地球磁場可以影響你們。

現在我們的內在世界已經導正，但是我們的物質世界呢？由於你已經是一個覺者，你的電磁場非常高，任何地震或海嘯都無法靠近你，海嘯將會把你抬到更安全的地方。舉例來說，我們有個目擊者看到我們的信徒在千奈海嘯中獲救，他旁邊的人沒辦法逃走而被沖走，所以不論是內在世界的問題或外在世界的問題，藉著成為一個覺醒者，你就會是安全的，所有巴關阿瑪的信徒都應該變成覺者而且安全。

但是目前deeksha givers(註三)還是少數，其他成千上萬不是信徒的人會發生什麼事呢？舉例來說，在某一個城市中有一百個家庭，其中兩戶生存，其餘九十八戶遭受苦難，你對此有何感覺呢？如果我們有那個力量卻不做任何事，那我們還算是人嗎？

這就是為什麼巴關、阿瑪要讓你們全部不只是變成覺者，還要給你力量去讓別人也變成覺者，你的問題將會來臨，而且你被授予技巧來作這件事，一旦你準備好，這就是你的責任去讓其他人也變成覺者。」

什麼叫作把自己準備好呢？那就是「內在誠信」的實修。

我們不能等著一個能量的進入而什麼都不作，因為一個能量上的跳躍並不能帶來開悟，除非我們有意識的利用這個能量往內探索，這才有辦法帶來覺醒。所有問題的產生都是由於錯誤的感知方式，錯誤的感知方式是由於我們的較低的意識，我們會從較低的意識層次來運作，是因為現在的能量相當低，我們生活在稠密的三次元，因此，在二○一二年，當能量改變時，我們就可以利用這個能量來改變人類的意識層次。隨著人們的意識層次改變，感知就會改變，隨著感知的改變，問題就會被化解，這就是二○一二年的意義。我們必須把自己準備好，以便在二○一二年的前幾個月可以有足夠多的人進入非常高的意識狀態，從而帶來二○三五年全球性的覺醒。巴關說我們需要七萬個開悟者，才能啟動那把集體開悟能量的鑰匙，如果沒有，那麼我們就需要非常眾多的deeksha givers。這是個千載難逢的時間點，它，稍縱即逝！

巴關阿瑪的教導摘要：「內在誠信」就是覺醒最好的準備

以下是巴關對於「內在誠信」這個教導的重點整理與摘要：

「內在誠信」是看見內在有什麼在發生的工具，很多時候，我們的問題都在內在，外在被創造出來的問題不是真正的問題，真正的問題在內在，你必須碰觸內在真正的問題，你必須練習「內在誠信」，當你碰觸到真正的問題，自然的就有正面能量的轉出，問題只出於較低意識。

2012大覺醒—
內在誠信讓生活成為一個靜心

當你進入內在，會看到內在有許多的傷痕與糟糕的東西，你可能會看見自己是個垃圾場與化糞池，但是就只是單純的去看內在發生了什麼，不要判斷、不要分析、不譴責、不提供解釋，你有恐懼、憤怒、嫉妒、憎恨、孤單……，不管外在發生什麼都不重要，重要的是你有否覺知到內在有什麼在發生，當你真的深深的看見，你只會接納它們，你發現這些特質是頭腦的特質，不僅是你的，也是全人類的，從人類出現在這顆星球，到現在為止，頭腦就是如此，你自動的能接受自己、憐憫自己、愛自己，不是「去」接納與「去」愛，那是一個不需要努力的努力，你只需要去看，頭腦的噤聲自動就會有愛與接受，此時「臨在」就能介入。

你會變得平靜，內在完全沒有衝突，你發現儘管外在的問題情境都沒有改變，但他們對你都沒有影響與干擾了，他們甚至因為還是老樣子而帶給你喜悅！

「內在誠信」是保持高度的覺知，如果你覺得有困難，一開始你可以先從覺察你的呼吸開始，然後移動到覺察身體的感覺，最後再到覺察你內在的思想與情緒，層層深入，去看見你的小我與自我形象，在說話中練習，即使是最微不足道的事，也要覺察你的意圖、你的心。創造故事劇本的背後總是有個真實的故事，盡你所能的，作自己生命的考古學者。

因此勇敢地前進吧！Deeksha會幫助你走進內在，看見許多你從未想過的東西，這就是每個偉大的人所做的，如佛陀或基督，他們都這麼做過，他們都進入過內在，看見在那裡有些什麼，然後他們說：「就讓它如此吧！」當你說：「就讓它如此吧！」你就從它解脫了，**它仍然存在，但是你從它解脫了。**

當你觸及真正的問題，也就是你的內在，不僅你內在的能量會改變，你周圍的能量也會改變，合一的練習是對自己內在保持誠實，當你持續練習「內在誠信」，deeksha就會變得不可思議的強大，我(Sri Bhagavan)不認為有比練習「內在誠信」更強大的工具了。

開悟是神的恩典，「內在誠信」的實修能帶領我們遇到恩典，人與神一起的努力才有可能開悟，古今中外沒有一個人是透過個人的努力而開悟的，所有的人都是靈修到了遇到神的恩典而開悟的，人的努力叫「內在誠信」，神的努力叫deeksha，祂就是神的介入。如果一個人尚有許多批判、恐懼、憤怒、悲傷……，等的障礙，或生命中尚有許多未了的因果，便無法全面擷取這個宇宙能量所賦予的獻禮。

To see is to be free. **看見了就是解脫！**

註一

Mukthi Deeksha：

巴關、阿瑪用以幫助靈性成長的主要工具稱為「Deeksha」（也稱為合一祝福）。Deeksha是個源自梵文的古老詞彙，意旨「祝福」或「禮物」，或與「傳遞」的概念有關。總之，就是接受神、上主、更高自我加強覺醒過程的禮物。這個神聖能量在佛陀的時代就已經被發現，但卻無法成功轉移到人類身上，巴關說因為二〇一二的關係，對祂使用這個能量是一個有利的時機。

Deeksha是來於神的祝福，實質上就是接通神聖能量並啟動kundalini能量，kundalini能量帶動大腦的變化，最後使人產生神的意識或是覺醒，或是兩者一起發生。祂是智性的運作，在接受者進入更高意識狀態的個人獨特旅程中引導他，到最終進入合一狀態中。

Deeksha是神對人類的接觸，提供完成覺醒過程所必要的支持，Deeksha是物理能量的傳遞，祂可以造成神經生理的轉變，從而啟動接受者進入個人合一覺醒的旅程。

Deeksha創造大腦的轉化，消除頭腦某些區域的能量，而增加其它區域的能量，這可以減少每個人都具有的分離感。當頭腦某些區域被激發時，我們就會發現自己能夠真正透過感官經驗真實，真正地去品嚐香蕉，看見伴侶真實的樣子，聽見孩子哭泣的聲音。一個全新的世界向我們打開，在這世界中，我們可以如實地直接接觸真實，不被頭腦永無休止的喋喋不休、評論與解釋所干預。

透過特定的點化過程，覺醒者的更高意識狀態可以確實傳遞給他人。Mukthi Deeksha就是點化人們成為給出這個祝福的管道，這是個古老的了解。巴關阿瑪以Deeksha的方式，運用這古老的了解，來幫助人們成長與療癒，終極目的是覺醒與開悟。

註二

覺醒真言：

這個真言的唱誦是巴關要更新我們心識頭腦中的程式與設定脈輪，分別是：

思想不是我的
頭腦不是我的
身體不是我的
一切都是自動發生的
只有思考，沒有思考者
只有看，沒有觀看者
只有聽，沒有聆聽者
只有作，沒有作為者
根本沒有一個個人存在
我是愛
整個世界是一個大家庭

而要唱誦四十九分鐘的主要覺醒真言是：「我是存在、意識、法喜。」這些真言皆是宇宙人生的實相，也是覺醒者的感知狀態。

註三

Deeksha giver：

合一祝福的給予者，也叫傳導師。只要參加Mukthi Deeksha聖鞋點化者即是合一祝福的給予者，以前求道的弟子必須追隨師父幾十年才能得到合一的祝福，現在只要參加兩天或三天的「合一覺醒課」就是deeksha giver了，這個本來密傳的古老法門也因為二〇一二的關係由巴關於二〇一〇年三月授權於全球各國各地的訓練師舉辦，以加速全球覺醒的過程。

第一章

第一步就是最後一步

不是我們的負面消失了，而是第一次我們能對自己說：「是的，我是這樣，我有那樣，我很誠實」，這是踏上靈性旅程的第一步，其它會自動開展，不需要師父，也不需要教導，因此，也是最後一步了。

第一章　第一步就是最後一步

巴關曾說：「**全部的教導可以用簡單的兩個字還涵蓋，那就是覺察，第一步是覺察，最後一步也是覺察，強烈的覺知就是一切了，沒有什麼地方要去。**」

如果沒有真正踏上心靈內在旅程的人，對這句話的了解應該就只會停留在頭腦層面的了解上，認為只要注意到此刻的心念就是全部了，有人說：「我現在很餓，我察覺到我現在很餓」、「我吃東西，我察覺到這食物在嘴巴裏的味道」、「我覺察到我現在很憤怒」……，這是很粗糙、很表面的注意而已，還未真正的踏進內在世界裏頭來。簡單的說強烈的覺知就是深度的「內在誠信」，是一種不帶頭腦批評、解釋、衡量干預的覺知，當你覺察，頭腦就會停止，但是頭腦會經常介入使你無法覺察，所以內在的誠實是一個很深入的旅程。

看見與徹底經驗就是第一步

記得之前在合一大學走內在的旅程時，指導老師問過我們一個根本性問題：「你是誰？」底下有來自各國的學員提出他們的答案：「我是大海裏的一滴水」、「我是愛」、「我是一片葉子」、「我就是神」、「我是不生、不滅、不垢、不淨、不增、不減的自性本體」、「我就是一切」、「我是空」……，還記得指導老師笑了出來，他說：「你們真的能感覺到嗎？你真的感覺的到你是愛、是神、是一滴水……嗎？你們對自己內在不誠實，你們都靈性腐敗了！」

這是因為我們都讀了好多書、上了好多課，頭腦裏充斥著許多靈性的概念，再加上缺乏內在的誠實所致。靈性永遠不從你企圖到哪裏、期待到哪裏啟程，靈性的第一步永遠從看見你自己現在在哪裏開始，你必須要有「自知之明」才能開始這個旅程，如果你對自己的內在狀態不老實，就無法看清楚自己現在所處的位置，那麼你的靈性也就無法開展，你的不老實就是你與真實自我之間的一堵牆；然而當你能強烈覺察到自己的每一個當下的內在狀態，這就是最後一步了，第一步就是最後一步，什麼也沒改變，什麼地方也沒到，除了保持強烈的覺知之外，沒有別的可以做了，這就是沒有修行的修行、沒有努力的努力、無為之為。

然而，什麼叫覺察當下的內在狀態呢？其實，這就是「內在誠信」，簡單的來說，第一步就是誠實的面對自己的創傷，去經驗那個Charges，我們將Charges翻譯為「情緒負荷」，Charge原指帶電的電荷，在這裏則用來說明一個未被徹底經驗的情緒所留下的電荷、頻率與振動，我們都知道萬事萬物都是能量的振動，我們使用的語言、念頭、情緒、行為、感受、思想、欲望無一不是能量，一個未能徹底經驗的古老傷口將使我們低頻、低能量、低意識，使我們有負面的思想與行為。

要能看到Charge，就必須有覺知，因為當我們心裏有痛楚升起時，習性會帶領我們否認、逃避、掩飾，然後掉入了自我欺騙的狀態裏，久而久之，我們會意識不到自己的整體樣貌。完全的赤裸需要完全的覺知。

這裏面的覺知包括了一切內在的狀態，你也許覺察到你在逃避痛苦、你也許覺察到你很害怕往裏面走、你也許覺察到自己對真相感到羞愧……，每一個看到的當下，內在又會再升起總總的逃避對策，畢竟，我們的本性自然的會自求安適，會想辦法逃避痛苦，於是不間斷的覺察到它是必要的，沒有任何抗拒的體驗它，當我們愈能安住在徹底的絕望、徹底的孤立無援，安住在負面的情緒坑洞中，安住在那個令人顫慄的時刻裏，就會看見恐懼其實只存在於你的頭腦中，那是想像出來的。修行就是這些時刻，修行並不是空靈浪漫的，修行不能是我們的逃難所與避風港，正好相反，靈修必然帶領我們碰觸到人生的根本性問題，而這個根本性問題的產生來自於我們不會體驗生命，於是這害怕就在你的頭腦裏面愈來愈大了，又因為有這個害怕，我們有自保安適的需要，於是創造了很多的信念來安頓自己，因為沒有覺知，我們接著就會根據這個信念架構我們的生命、根據這個信念解決我們遇到的問題，並發展出種種決策與行動，以幻為真，莫此為甚！

以下是巴關對於「充份體驗痛」的教導：

如果有痛，而你真的經驗了這個痛，那麼別人將會停止傷害你，你可以去經驗它並且看的到結果，如果沒有去經驗，你就只是猜測而已，因為你從來沒有經驗它，所以請你自己去經驗它並看看你自己的內心有什麼在發生。

假設有一隻老虎在追你，而你很害怕，如果你能真正經驗那個恐懼，你知道會發生什麼嗎？這隻老虎會停下來死在路上，牠將不會撲上你。

這就是為什麼Ramana或其他人真的能跟老虎玩，但是如果你去跟老虎玩，你會葬身虎肚之中的，Ramana曾經在散步的時候告訴他的追隨者要保持距離，因為他可以跟老虎、豹、蛇接觸而不會發生任何事，因為他完全沒有恐懼。但是你要知道，如果你這樣作是有危險的。

為什麼老虎對你的反應不一樣，因此你得自己試著去經驗它，然後看看什麼發生了，Angulimala在佛陀面前感到無助，曾經人們聽到Angulimala這個名字的時候都會感到很恐懼，但是Angulimala跟佛陀面對面時，他是很無助的，這是因為佛陀心裏完全沒有恐懼。

所以你試著去經驗它，然後看內心有什麼在發生，重點不是用想的或推測的，那沒有用，這不是一種法的討論，這是一個自己去作、自己去經驗的法，就是去經驗，然後看。

所以第一步是充份體驗當下所發生的事情，親自體證是這個法的唯一教導，經驗那個負荷，覺察內在的狀態，覺察你的害怕，透過與之同在，愈能看清它是幻影，當你看見了那是個無明幻象，這也就是最後一步了，所以第一步就是最後一步。然而我們許多人真的靈性腐敗了，在傷心的時候不允許自己傷心，因為我們認為那是靈性退轉的證明，在高興的時候不允許自己高興，因為勝不驕、敗不餒是一種美德。

記得，在那個令人心碎、顫抖、哭泣的夜晚，彷佛是一場夢，我有一種抽離的感受，彷彿看著一場由自己意識創造出來的泡沫劇，這不是我一輩子都在害怕的事嗎？母親罹癌！我看到了自己的創造過程：父親離世後，我學習了許多不同的能量醫療，希冀自己在家人需要的時候能夠作點什麼，不管我學到的是什麼，我一定馬上用在自己家人身上，我不想再與親人分離；然而，就在我是一位靈氣師父後，就在我剛剛點化了母親不久後，生命給了我重重的一擊，敲醒了我的春秋大夢，事實不就擺在眼前嗎！在這些學習的過程中，壯大的不是我的療癒力量，卻是我內在深深的恐懼，我學的愈多就證明我的恐懼有多大，所以，它顯化了。我以為我能阻止什麼發生，其實我完全的無能為力，我太自大了，我覺得不知所措，因為這裏頭有強大的情執，在親情的裏頭又有一個巨大的自我感，所以彷彿會失去親人的這個事實帶給我極端的痛苦，四面的蒼白使自己身上彷彿有某些東西正一點一滴的在瓦解，這時候除了信靠神之外，我找不到任何浮木，為了試著讓自己安定下來，我不斷的祈禱、不斷的唱誦咒語真言、不斷的修煉呼吸禪定，卻仍然得不到平安，有一種天傾地毀的感覺，就像是一個即將溺斃的人，我只是不斷的想抓到一個可以攀援的浮木，在那個暴風圈裏的我，當時並沒有覺知到那個禱告、唱誦與呼吸禪定全都是一種逃避的手段，因為我連集中注意力都辦不到，強烈的恐懼與不安仍然在，我發現沒有一條教導能安頓的了我，應該說此刻任何的靈性教導的抓取都是在企圖抗拒苦難、逃避苦難，連我的憤怒也是一種逃避，我不斷的在暗中數落神沒有看顧我，我逃離了當下，逃去怪上帝，逃去靈修裏，總之，就是使盡吃奶的力氣去躲起來，當這個我一直在等待的恐懼爆開來時，在這樣的風暴裏，是很難有覺知的。

所以，第一步是什麼呢？就是「單純」的去經驗那個恐懼與失落，經驗當下那個內在狀態，所以我去經驗那個恐懼與失落，不過那個「單純」是多麼的不單純啊！腦袋中不停地有各種不同的思緒與念頭將我拉走，使我不能單純的、徹底的去體驗，此刻，覺知就扮演了絕對的角色。

你要能夠轉過身來面對當下的狀態，首先就必須要能覺察到你的害怕。

有一個很美的故事是這樣的：

有位名叫大衛的印第安人，住在一個非常美麗而又豐饒的島嶼。他是王室的血脈，並且在島上過著美好的生活。然而這島嶼被一種奇怪的現象圍繞著，從岸邊往外三哩都是一層濃霧，而且沒有人能看穿這層霧。

一直以來都有村民划進霧中，但他們都沒有回來。當有人進去霧裏，村民被教導要回到家中不能觀看，他們對這邪惡的霧有著非常大的恐懼。傳說中只要有人進入霧中不久後，島上的人會聽到巨大的模糊聲響，那種可怖的聲音、完全未知的吼聲，將恐懼打進他們的心裏。

大衛感覺那霧裏有目前生活遺漏的部份，他靜靜划著木槳，以不驚動任何人的方式，緩緩的朝向濃霧划去，當小舟快速地被水流牽引往前時，大衛感到害怕，他因著寒冷與害怕而顫抖著，他突然看到一段影像，之前進到霧裏的人，都在獨木舟裏化為骷髏，永遠的繞著島漂浮著。

突然，大衛划出霧的另一邊了，他怔於自己看到的景象，因為在他面前是一塊大陸地，目光所及的是許多村莊與人民，當他一冒出來，他們看到他並吹響歡慶的號角，然後大衛聽到由陸地傳來的吼聲，那是慶祝的呼喊！

王族的大衛，從那天開始過著豐富的嶄新生活。

那個因探索濃霧而使生命變得不同的大衛，是帶著自己會害怕的覺知才能往前進的，但是這個故事的結尾「從那天開始過著豐富的嶄新生活」實在太符合頭腦的期待了，這是出自於恐懼所設計出來的情節，讓我們一起來延續這故事的情節，後來又如何了呢？為它設計一個深富寓意的結局吧！

記得我讓學生由「然而，這一切只是他的想像，生命是不會就此放過他的」這句話開始續寫下來，你的答案是什麼呢？不論我們如何努力擴展自己的意識境界，仍會不斷遇到令人難以接受的人、事、物、境，如果我們認定生命應該要就此開始如何如何，這就是替生命劃了一道界線，線的這邊是可接受的，而線的另一邊則無法被我們接受，然而這一道道的警界線都是虛幻不實的，界線是你的信念、想法、態度，只有在我們認定它們是真的時才會存在的一個概念。我們的靈性之旅乃是一個不斷劃下界線再撤銷界線的過程，能看出真相的，就是那第一步—徹底經驗恐懼。一旦徹底經驗了恐懼，那個想法、那條界線自然就消失了，經驗到底，會有寧靜與鎮定，是一種看著恐懼與失落發生的一種鎮靜，最後甚至會有喜悅。你得親自去試試看，因為，這是不能被說明的。

每個人最深的內在都是恐懼與害怕。當能看到小我的所有抓取、證明、滋潤都是因為害怕，當能看到所有情緒的底層都是害怕，看到你的愛是因為害怕、你的憤怒是因為害怕、你的期待是因為害怕、你的嫉妒是因為害怕……，就能看到這些害怕的底層有一個charge，有一個未被完整經驗的情緒振動留在那兒，而它形成了害怕，每一個人的裏面都有很多的害怕，因為每個人裏面都有很多的charges，害怕是charges投射出來的無明。因此我們必須掉進一個更大的失落裏，掉進那個原始的坑洞裏，而在掉進這個失落與害怕的一刻正是通往神的第一步，因為你將碰觸到人生根本性的問題與真相。

因為有了第一步的看見與體驗，其餘的一切都會自動發生、自動轉化，只要深深的看見，看見不需要努力，所以巴關說「**不努力的努力**」、「**我們不談道途**」，覺者李耳納也說：「**不要尋找答案，讓答案來找你。**」掉入那第一步，答案自動會找上你的。開悟的人就是會完全的經驗所有的情緒，跟我們一般的，他們也是會有痛苦、嫉妒、悲傷、憤怒……，但他們能完全不留業力殘渣、情緒殘渣的經驗它們，然後活出寧靜與歡喜來。

徹底經驗你的苦難就是第一步，也是最後一步。

「我」等於「苦」

然而，我們有多少人甚至連自己是受苦的都沒有覺察到。佛說人生有「八苦」：生苦、老苦、病苦、死苦，恩愛別離苦、所求不得苦、怨憎會苦、憂悲惱苦。巴關則說苦有三種：物質的、心理的、靈性的，而且這三種苦的總和是一個常數。人們卻說：「我一切都好好的啊！」那是因為我們缺乏內在的誠實，也就是沒有覺知。

所以覺醒的第一步—**看見你是受苦的**。

第一種是物質或肉體層面的苦。這種苦有一個具體的外在問題，例如：食、衣、住、財務、健康上的問題，它是具體的，容易被看到，也容易被滿足，得不到滿足時，我們就會感到痛苦，如：不健康、貧困沒有錢……。

第二種是心理層面的苦。這種苦不須要外在的問題，沒有任何理由，心理上的受苦來自於你的觀點。例如：害怕。你不需要一個外在具體的問題，內在只要有害怕的思想，創造出這個情境，就有足夠嚇死你的情緒了，你可能好好的躺在床上，卻因為有一個恐懼的思想，而開始心悸、臉色發白……，所以不管你有錢沒錢，都可以沒有安全感。心理需求得不到滿足就會有心理上的受苦：負面的思想、負面的情緒、缺乏安全感、憎恨、嫉妒、自責、愧咎、孤單、不被重視、不被認同、不被欣賞、不被愛、被遺棄……等，我們習於在別人身上尋求那份滿足，那將是永無止盡的受苦而已，因為那個圓滿俱足只能來自於你自己。

第三種是靈性層面的苦。又稱為「存在的悲傷」。這種苦不需要任何理由，它就是在那裏，沒有任何理由，只要「我」存在，就會有一種與本源分離的空虛與孤獨感，愈是想要探討它，就會愈混亂，在每個人的內在都有很大的孤單、空虛，而一切都可以因為這個而受苦，你可以說一切都好好的，但有份意義不見了，很荒涼，你不知道你從哪裡來？到何處去？這就是應有盡有又位高權重的悉達多王子，在很深很深的痛苦中離開他美麗的妻子與剛剛才出生的小孩，而這個很深的悲傷，是因為「你」存在，於是你與他人、與萬物、與存在有了分離感。

一個人得到一切：名利、關係、幸福的婚姻、別人的尊敬、心想事成……等等，一個人還能再求什麼！然而有一天，你就是會撞進這深深的失落裏，你完全不懂你為何會這般的受苦！由於內在的空虛這樣巨大，我們於是慣性的逃離，我們逃入忙碌的生活事務中來掩蓋那份悲傷，但等你忙完，功成名就了，卻發現更空虛，於是你認為應該是要開始上一些心靈成長或靈修的課，你可能會得到一些東西：你可能會有奧秘經驗、你可能擁有了一些力量、你可能得到特殊的療癒能力、你可能會成為一位靈性領域的專家、你可能成為一名治療師、你可能同時是好多不同領域的Master……，然而，即使在那些時刻，你仍然感到空虛、沒有意義，最終，最根本的問題會浮現出來：我是誰？我到底還要追尋多久？還要再念幾本靈性知識的書？還要再接幾個Deeksha？我到底要到哪裏去？我們失去了內在的平和，我們的心靈就是得不到滿足。

巴關說這三種苦的總和是一個常數，這是一個實相，不是一個假設，我們生命的苦難不脫離這三個，而且它的總和是一個常數，只是每個人的數值不同，有人一百，有人兩百，有人三百，這和每個人的業力有關。現在假設這個常數值是一百，舉例來說：你是足球隊隊長，在集訓時期，你的腳被踢斷了，那麼第一種物質與肉體的苦如果是七十，第二種心理上的受苦是二十，第三種靈性的受苦是十；若你處理好這個外在問題，你的腳傷好了，第一種苦會降下來，然而這時第二種苦就會上升，因為你知道你因此而無法參加足球比賽，你心理在痛苦，你是隊長，卻不能帶領弟兄上場，你不甘心，在罪惡感與失去重要性中受苦。後來，比賽延期了，你心理的受苦又馬上沒有了，當第二種苦的數值也降下來，第三種靈性上的受苦就又會上升，你開始問：「什麼是生命的意義」、「神存在嗎」、「我是誰」……；依此類推，總之，常數是不變的，如果你完全沒有物質上與心理上的受苦，那麼你就會有百分之一百靈性上的受苦。

同一件事創造出三種苦難，只因為覺受方式的轉移，我們所有的經驗都在這三種覺知狀態下跳來跳去，事件其實是一樣的，只是我們覺知的狀態改變了。

如果受苦是一個常數，你又如何能逃開？所有的企圖逃開都是沒有用的，逃到靈修的教室裏一樣是逃，苦難如影隨形的跟著你，然而事實上就是這個逃離使你受苦的，除了面對它，你別無選擇，因此在有了這個洞見後，你知道你是逃不掉的，然後呢？去面對你的苦、去經驗你的苦。

K值不會透過你的逃走而減少，奇妙的是，當我們能去經驗那個苦就能讓K值下降，因為經驗苦讓我們撞見一切不過只是我們虛幻的信念的投影，事件本身是不會帶來痛苦的，或者說事件本身是不會製造痛苦的，不管是什麼樣的事情。當K值下降就能直接改變第一種到第三種苦的數值，它們會同時變小，並不是外在不再有問題了，而是外在就算有問題，我們並不會覺得那是一個困擾我們的問題，因為一切只是心智頭腦的把戲而已。只有開悟，這個公式才會被打破。

看到「我」並不存在

靈性的道途最終是要解決也最難解決的就是靈性的悲傷，這些苦都根植於有一個「我」存在的幻象，痛苦來自於小我，所以只要「我」消失了就沒有苦，問題是「我」如何消失呢？自殺嗎？當然不是！但很類似於死亡，這是一個小我的死亡，小我如何死亡呢？你必須要看到「我」只是頭腦的產物，我只是一個被認同出來的概念而已，如何看到「我」只是一個被認同出來的概念而已？如何看到「我」根本不存在？就是不斷地經驗、經驗、還是經驗，完整的經驗負荷，負面能量與觀點的消散，使內在有一分清明去照見自己因為未能完整經驗負荷而有人生現場的詮釋：我是個失敗者、沒有人會愛我、我不夠好、信任別人是危險的、我一定要委曲求全才不會冒犯別人、一定都是我不對、不管遇到什麼事反正都不會有人幫我、我不需要人幫忙也一樣會過的很好、我媽不愛我，她比較愛哥哥／姐姐………，然後，當你能看到了你如何詮釋自己的生命時，你一定會哭笑不得的，因為你發現你是透過一個觀點在經驗事情的，而那只是自己編出來的一個故事而已，當認同消失時，當你不是你的遭遇，你不是你的生命故事，你不是你的詮釋，你不是你的成就，你不是你的失敗……，你還存在嗎？然後，在一個適當的時機，天堂的大門就會為這個準備好的你打開大門。

可是我們有多少人是不會經驗苦難的，從小沒有師長教導我們可以去經驗自己的情緒，我們不能哭泣、不能憤怒，大人告訴我們要樂觀、積極、陽光、正面，從來沒有人教我們可以去經驗自己的情緒，從來沒有人教我們如何經驗自己的情緒，巴關則告訴我們：「**經驗到什麼並不重要，重要的是全然的經驗**」、「**發生什麼並不重要，重要的是什麼在發生**」。所謂的徹底經驗情緒負荷，指的就是**不對抗、不逃避、不找理由、不發問、不譴責自己、不批判別人、不分析問題**，單純的用身體去經驗它，而不是用頭腦來宣洩這些情緒：「我好可憐啊」、「我是失敗者」、「沒有人愛我啊」、「我的業力太重了」、「為什麼是我！上天為何對我不公平」……，我們如果只是這樣到原始傷口處哭一哭，並且持續的編自艾自憐的故事，那麼療癒是不可能發生的，就算是每天哭也只是不斷的顧影自憐而已，你永遠處在一個自艾自憐的意識中，實相是你根本不想被療愈。受苦是一種藝術，你必須要精通它，然而精通它，你需要覺知，沒有覺知，你沒有辦法在這個向度裡面經驗到任何東西，你必須帶著一分覺知—「你會害怕的覺知、你在逃避的覺知」，然後向那份痛踏一步進來，敞開來讓痛傷你，不是用靈性的大道理或詮釋來離開苦難，只有純粹的去經驗它、接受它，當你關閉所有逃脫的門，當你不分析、不批判、不譴責自己與別人，你會發現那才真的非常痛，一陣子後心理情緒上的苦會轉在身體上，一樣的與之同在，不去抗拒它，然後才能穿越它，你會感到寧靜、喜悅、自由，如果你真的徹底經驗，你會發現痛苦是身體的感受與一些信念所組成的，跟事件本身沒有關係，所以關鍵在於：**你是如何經驗事件的。**

上合一覺醒課時，當學員走進這個旅程很多人會吐、會乾嘔、頭痛欲裂、不斷地打咯、全身僵硬與冰冷、心悸、胸悶……等等，這些都是陳舊的情緒負荷浮到身體上來了，這就是艾克哈特・托勒所講的「痛苦之身」，這個名字實在是太貼切了，這是未徹底經驗的情緒負荷與振動留在了身體裏面了，身體裏留下的情緒電荷再加上你在當時所建立的信念，讓這個痛苦非常的實體化，你透過「痛苦之身」將過去帶進了現在，而且這個「痛苦之身」會像黑洞一樣吸取與製造更多的痛苦來，投射出屬於這「痛苦之身」的外境，相當的具實體性，直到你能勇敢的去徹底經驗完它，才能瓦解它，否則就如艾克哈特‧托勒所講的，這「痛苦之身」，其實也就是沒有被完整經驗的情緒負荷(charge)，將會騎到你頭上，掌控你，這虛而不實的幽靈透過你活出來，最後它變成了你，你虛擬生命的故事就開展了，因為活著的是charges，活著的不是你，自以為有自由意志的你其實不過是行屍走肉而已，而且似乎透過「痛苦之身」你才能感覺到活著，你害怕你的身份會消失，你對這個使你痛苦的模式上癮，所以你寧可繼續受苦，直至油盡燈枯，這也就是為何當我們碰觸到「痛苦之身」以便使它融解時，小我會有各種高階的逃避路線，如果沒有一定的覺知，還以為自己正在學習受苦、經驗受苦呢！

看到你所有的情緒負荷(charges)，你就消失了

巴關說：「**除非你看到你自己，除非你看到全部的你，否則你無法接受你自己，一**

個不愛自己的人，就不可能愛別人。」因此，錯過了看你自己，靈性永遠不會上路，看自己的什麼？你必須要看見你的負面暗影。

地球是一個恐懼的教室，你有那麼多的害怕，害怕如何而來，從一個未能完全經驗的情緒創傷中，從留下的情緒渣滓、情緒負荷中，於是在頭腦裏這些積壓成了害怕，因為不夠覺知，很多時候我們被自我蒙蔽，我們有創傷沒有療癒，因此投射，我們也認同腦袋裏的思想流，而這些自我的幻象須靠「內在誠信」才能打破制約的濾鏡。這間教室的目的是要我們能穿越恐懼，發現愛。

因為我們每個人的裏面都有許許多多未經驗完成的創傷所留下的情緒負荷，而在每一個負荷的形成過程中，我們形塑了一個特殊的觀點，並在其中投注了自我感、自我形象的塑造與認同，在我詮釋這個創傷中，許多的命名、貼標籤、合理化，也就是一大堆的謊言是不經意流過的，因此我們輕易的就認同了這個詮釋，在這個詮釋當中就形成了錯誤的身份認同與自我感。用一個簡單的流程來表示：

Charges→自我形象（Ego Self）→認同→卡在認同裏→分離感、分別心→受苦

透過每一個餘悸猶存的負荷，我們回應著來到我們生命中的人、事、物、境，它們如影隨行，每一個charge都在決定你的意識層次，因為情緒負荷會形成無意識的模式、扭

曲的觀點、錯誤的感知方式、僵固性的心智模式，根據這個意識層次，你對你的生命作出反應，所以這個無意識反應是出自於過去的charges、出自頭腦、出自小我、出自一個特殊的觀點，試想，在我們浩瀚的無意識之海裏，有多少這些charges，再透過頭腦的加味，痛就更濃烈了，帶著charges的我們，就如同那驚弓之鳥，永遠擔心著四週有魑魅魍魎會傾巢而出，隨時覺得有老虎對你虎視眈眈的，就算是沒事的躺在床上，也沒有一刻能感覺平安，生命中充滿了衝突與掙扎。

想像：自己穿著一身的白袍，因為光不夠亮，於是你覺得自己沒有什麼不好，一切都好好的啊！現在有一隻手電筒，將它慢慢調亮，然後，你看見了，啊！這裏有一個黑點點，再把亮度增加，你又看見了還有五個大大小小的黑點點，現在將亮度調到最大，因為你有能力去看到更多了，然後，你痛哭失聲，因為，你以為的這件白袍，事實上，全都是密密麻麻的污漬，這些黑點點由於一直沒有被看見，而不斷的在你的生命中散發毒素，毒害著你與你週遭的人。

罩著你的那一身白袍，就是你一直以來如此認同的那個自我，你感到相當的害怕，原來它的存在是你一直不斷命名與貼標籤所形成的一個概念，在每一個創傷中、在每一次的挫敗裏、在每一次人際互動的干擾時，你慢慢堆疊起來的，為了要維持這個自我的生存，你不斷的告訴自己，那是白的、是神聖的、是高尚的、能幹的、孝順的、謙卑的、不凡的、有智慧的、講義氣的……總總「應該」的形象；然而，事實是相反的，這麼巨大的事實撞進你那同樣巨大的我執幻象裏，你哭的好淒慘，但是，慢慢的，當你看見這些黑點點其實都是因為你沒有被愛的體驗、你渴求愛而來時，這些黑點點全都變得可以被接受，當你接受了這些黑點點，在你內在的那份寧靜中，愛自動的長出來，在這份愛中，你的charges離開了、那種隨charges而來的觀點與信念、情緒行為模組也消失了，隨著這些消失，小我死去了，當你的小我死去，你不會再從過去回應你的生命，你可以如實的經驗當下了。

然而，有一些根本性的負荷，或過於強烈的負荷，我們看見了它，也深深的與之同在了，它卻仍然在那兒，引起我們很大的痛苦，我們要知道的是覺醒者仍舊會有負荷，也就是說我們並不需要完全的從負荷中解脫出來才能覺醒，企圖努力去解決所有的負荷是不需要的，我們無法完全的免於charges，但我們必須要意識到它、看到它。覺醒後，有些負荷即使還在，但我們不會再覺得那是一個困擾了，因為我們打破了對頭腦的認同，所以完全沒有抗拒。

這是一個永恆無止盡的成長歷程，當我們征服了一座山，雲開霧散之後，你又看到有一座更高的山，我們就繼續去征服這一座山，然後又雲開霧散，看到更高、更大的山，然後再繼續爬。在日常生活的各種情境中實際的去操練，找到charges，經驗它，對它敞開，然後你就會成長，看見你所有的charges，你就消失了，而這是永無止境的歷程，開悟也不是一個終點，只是開悟後，你將自動的繼續往前進。

靈性的戰士們，一旦踏上了這個旅程—找到本來面目的旅程，他(小我)就必須死在旅程中，才回得了家。就像巴關說的：「**在你還不知道如何游泳前，你有沒有勇氣跳進大海裏，然而，當你跳下去的那一瞬間，一切也就結束了。**」

小我最高階的逃避手段—becoming self的抗拒

當有痛時，我們就自動會閃躲，這些逃避的技倆中，最容易被識破的是逃去物質的門裏：購物、打電話、清理房間、看電影電視、上網、聽廣播、工作、吃美食……，因為我們是那樣害怕看見自己的真相。然後是心理的門，你逃去責怪某個人，你貼別人標籤，為自己找藉口來合理化你不想面對的真相，靈修的人則容易躲到靜坐裏頭，閃躲到許多的課程中，這是屬於靈性的門，在這些逃避的技倆中，其中一個最高階的技倆就是在徹底經驗情緒的過程中我們期待寧靜、喜悅、愛……等的發生，也就是期待有所轉變，我們就在這些念頭中沒辦法徹底經驗情緒了，這種期待的本身也是頭腦對現在這種痛苦狀態的一種抗拒，抗拒苦難就是在逃避痛苦，在這樣的心識狀態下，我們所期待的結果是不可能發生的，因為這是頭腦的把戲，是想要變得更好，巴關叫這個層面的自我為becoming self，這樣的期待正好是我們到不了那兒的原因，抗拒現狀使我們耗損能量，耗能的我們如何能轉化至喜悅與愛的狀態，旅程是從此刻的狀態開始的，不是從我們期待到哪裏開始的，這就是為什麼許多人在自我探索的旅途中會卡住的原因，有些人會說：「我經驗了啊！我也看見了啊！但是我沒有辦法接受啊！」或者說：「我經驗了，也看見了，所以，OK啊！我接受它，然後呢？」這些問題一定都是因為第一步沒有徹底的踏上來，不能接受和努力去接受都是錯誤的，接受是在徹底經驗痛之後自動發生的，如果你的心還會痛，怎麼可能接受，如果這時候我們練習去接受，會讓自己自殘形穢、自我感低落、缺乏自信心、不快樂、冷漠……等等，又或者說：「我有嫉妒、憤怒……，但我接受它啊！」用接受來作為自我逃避與卸責的藉口，那不是真正的接受。

許多人不知道接受自己的真正意思，接受是深刻覺察內在狀態後的一種敞開與沒有抗拒，請要知道，靈修的人是愛自己的人、喜悅的人、會感恩的人、會愛人的人，而這樣的人正好是因為他們會徹底經驗的藝術後自動的轉化，如果任何靈性活動帶給你痛苦或使你愈來愈不快樂，請知道有些事情出錯了：你不斷的掉進頭腦那個強大的becoming self的習性裏，你希望自己成為某一種狀態的人，然而事實上你的期待就是你的譴責，你譴責自己怎麼還是這樣，如此轉化是不可能發生的，轉化只能在愛裏發生，它必須是自動發生的，不能是努力的、蓄意的，在內在的旅程中，一開始某種努力是要有的，但到了某個點以後，就不應該有任何的努力存在，我們只是被動的去認出來而已，如果涉及了努力，那不是真正的看見。

當然，有時要徹底經驗一個負面的原始傷口並不容易，有時在我們看見那個內在傷口時，會伴隨負面的信念，你可能會經歷一段批判內在傷口的階段，覺知它，有意識的反復去經驗，允許自己待在那兒。

因此在徹底經驗痛苦時是becoming self最易冒出頭來的時候，他想著：我要免於這個，我要變成那個，我要有這個，不要有那個，然後我們就迷失了，覺知到它，逮到它，然後再輕柔地回來經驗那份痛，這份痛如果是三天就跟它在一起三天，如果它是三個月就跟它在一起三個月，什麼都別想，看見了什麼也一點都不重要，看見了任何人格面向，不管是什麼都不是問題，你想要改變它才是問題，當你想改變它，這除了是無效的努力之外，同時也讓你愈來愈不愛自己；然而當我們能徹底的經驗痛時，所有的負面思想情緒模組就會像枯掉的葉子一般自動的掉下來，這是一個接受與放下的問題，如果你試圖去放下與接受，那並不是真的放下，當那份痛不見時，一切美好的特質才會自動開展。這個第一步是這樣的重要，你的努力愈少，轉化愈可能發生，就如同巴關說的：「**當你想改變你的嫉妒時，嫉妒才存在的，如果沒有這樣的努力，嫉妒就不會存在。**」就像是困在獸夾裏的野獸，你愈是想掙脫它，它就愈使你難受。除非你自己親自去試，才會知道那確實是一項藝術。

唯有當我們看見了那個受傷的核心，才有機會去釋放掉它，當我們能完全不抗拒的去經驗浮現出來的情緒，並以深刻的、全然的覺知擁抱它，它就能消失，逃避苦難就是在對抗苦難，如果你將能量對準於與之對抗上，你如何能徹底經驗你的情緒？如果你對抗它，對抗時的耗損能量如何能使你能量飽滿，耗損的能量使你受苦於低頻思想與情緒，抗拒的手段是很高明的，甚至你有一個態度在想如何釋放這些負面情緒、轉化這些負面情緒的本身都是一種抗拒，內在的旅程最大的困難就是無為，在外在的世界我們是須要付出努力與行動來解決問題的，但很不幸地，我們也將這套模式帶進了內在世界，然而，在內在的旅程裏，你的作為愈少，轉化才愈有可能發生。就像《與神對話》說的：「你所抵抗的東西會持續存在，你所靜觀的東西會消失。」

就只是去看見那些負荷，並駐足在那些負面的情緒裏，沒有其它要作的了，接受意謂著將心敞開讓痛來傷你，不需要態度與理由，就只是去體驗這些負荷，如果你成了逃兵，這樣心就封鎖起來，不再有感受，經驗它，心的感覺就會被喚醒。巴關說：「**生命必需去被經驗，而不是被說明。**」

師長們總是要我們凡事往正面看，但是如果你的內在千瘡百孔，低意識的你是不可能頭腦叫你正面樂觀你就可以正面樂觀的，你明明知道要努力唸書，卻每天遊來蕩去，你明明知道說這樣的話很傷人，卻還是說了，你明明知道自殘是不對的事，你仍然作了……。我們根本無法正面，只不過是在呼呼口號而已，就像每年形式化的寫下新年的新希望之後，又重複一樣老舊而陳腐的習性與模式。

要看見真理我們必須要能看見虛幻不實的部份，不去看那個負面，負面就不可能消失，負面不消失，正面的頻率也就出不來，我常覺得太多的光與愛不僅不能啟蒙我們，反而容易成為我們逃避人生苦難的概念。記得我一次我有一個朋友的母親病危，他竟然跟我說：「雖然心裏很痛，但只要想到這一切都是幻象就覺得安心多了！」我們真的能感覺到那是一個幻象嗎？如果心裏有痛，就不可能體證到那是一個幻象，這麼說只不過是在逃避自己的痛苦，對自己的內在狀態不老實。巴關、阿瑪的教導讓我深深的知道：唯有意識到黑暗才足以啟程。

釋放負荷(discharge)的練習

(過程中可挑選合適的音樂幫助你徹底而純粹的經驗)

深深的從外在事件、情緒、念頭中去找到這些charges，深深的去跟這些charges在一起，是這些charges 使我們受苦。問問自己：目前你老是被什麼樣的苦難佔有著？你能擁抱與經驗這些苦難嗎？你如何逃避這些苦難？這個苦難在哪一份關係中呈現出來？只有當你愈敞開，你的轉化與突破才有可能。

一、找到charges後，允許苦難像老虎一樣的吃掉你，你雖然很怕老虎，但你能帶著覺知看著牠，並允許痛苦傷你，坐下來用你的身體去經驗它，很多情緒會被勾出來：悲傷、憤怒、心碎、自責、羞恥感、失望、嫉妒……，不要抗拒它們，讓它們全部浮出來，一陣子後，這個痛會轉成肉體的，一樣地，覺察它們，跟它在一起，完全經驗掉之後，這一切都會散掉，只剩下平安、喜悅與及聯繫感。

二、在連結一個charge時，一定要一直提醒自己，傷害你的不是那件事，而是你自己的觀點(意識層級)，要不斷複誦。

三、然而，這個過程並不容易，因為我們的頭腦會慣性的叫我們逃開，所以要有意識的去面對。這時我們須要有神聖恩典的介入，你可以祈求你所信仰的神，祈求祂們讓你完整的去經驗，並幫助你覺知到自己企圖在逃開，去**看到**自己企圖要作些什麼，去看到，然後再拉回來，關掉一切大門：逃入物質的門，你可能會想打電話、上網、看電視、看電影、整理房間、上街購物……，覺知到你在逃；然後你看到你企圖用責怪別人來逃避，你逃往心理的門，覺知到再拉回來；然後你又看到你用問自己根本問題來逃離，你逃入靈性的道理裏，你說：「上天為何對我不公平？」「我哪裏做不對了？」或用哲學大道理來說服自己，覺知到頭腦用問題與大道理來逃離就再拉回來。不斷的駐足於痛楚之中須要不斷的覺知！

為苦難找理由就是在躲開苦難，這理由可以是：「我不夠好，所以……」、「這是我的業，我接受這個苦」，也許摯愛的親人往生，你說：「有生就有死」、「靈魂永生不死」等等，這些對對錯錯的理由都是一種逃離。一看到這些逃離，覺知它，拉回來，跟傷痛在一起。

思考的本身就是一種逃避與抗拒，思考的本身才是問題，我們之所以那麼會用頭腦去思考，就是我們不會經驗如實如是，因為沒有辦法徹底經驗就會有空虛感，於是就用思考來填補，想過去、想未來、期待著、擔心著，因為抗拒與害怕才有思考出現，因為頭腦害怕他自己的真相。

每當你徹底經驗一件事時，你是無法思考的，當下裏只有活生生的體驗，沒有思考這道牆的阻隔，譬如你看到了一座美麗的青山，深深被它迷住的那個當下，我們就只是純粹在欣賞，不會思考。苦難也一樣，當你無處可逃的去徹底經驗時，你是不會思考的，如果有，觀照它，覺知到自己在用思考逃避苦難。

我看見傷痛正飲著一杯悲哀，
我喊道：「喝起來很甜，不是嗎？」
「被你發現了！」傷痛回答說：
「你破壞了我的好事。
當你知道那是一種祝福，
那叫我怎麼把悲哀賣給你呢？」

~魯米(Rumi)

對苦難的覺醒

有一次我讓學生作文，作文的題目是「我最害怕的事」，我真的看到他們的苦跟我的、跟其他人的都沒有不同。一樣的無奈、一樣的掙扎、一樣的無助、一樣的感到抱歉。

有人失去過親人，從此害怕失去；有人因一個小小的誤會失去一個朋友，從此不敢再交朋友，他讓自己變得冷漠來保護自己；有人沒有父親，渴望母親的認同、渴望愛，於是想用自己的成績得到母親的愛與認同，從此害怕失敗；有人父、母親關係不好，從此害怕回家；有人因為太活躍遭同學嫉妒與排擠後，開始讓自己低調，他用封閉自己來維持友誼；有人小時候給奶奶帶大，小一被活生生地帶回跟陌生的父母同住，有了許多他不懂的規矩，他受傷了，對人有強烈的不信任感，從此他帶著刀上學，因為這樣他才會有安全感；有人只因母親的一句話：「沒能力念書就去工作好了！」從此他失去自信，他相信自己是沒用的；有人從小被遺棄，長大後他總是委曲自己來迎合別人，只為了害怕再被拋棄；有人一切都好好的，卻感受到強烈的無意義感……。

這是好多好多被害人變成加害人的故事，被害意識的學生，來自於一個受害意識的單親媽媽，將來這個學生又會再變成加害人，如此一而再、再而三的業力循環重複著！如果你的父母沒有愛，那麼他們肯定無法給你愛，問問自己，我們有愛嗎？如果沒有，那麼你肯定也無法給予你的小孩愛，這沒有愛的業力將無止盡的輪迴下去，能斬斷這業力的也只有覺知這把寶劍，覺知這把寶劍帶領我們找到對自己的愛及對全人類的慈悲，釋放負荷(discharge)後就會有連結感，巴關說：「沒有我的苦難，只有整體的苦難。」連苦難都是合一的，經由經驗你自己的痛就能連結全人類的痛，當你真正的經驗痛苦，會有一種很奇妙的感受，你經驗別人的感受，你與他人有了連結感，你經驗到別人也是跟你一樣的無助。無所謂你的苦和我的苦的差別，你將看見苦難是合一的、普世的，所有人的情緒感受都是相同的，只是內容不同罷了，你和週遭感到有聯繫，他們的渴望、追逐、傷痛與我們並沒有不同，你能經驗別人，你的心自然延伸向他們，因此學會受苦這門藝術是朝向覺醒的第一步，當心開花了，你就會找到對全人類的慈悲與愛，阿瑪說：「**慈悲心只藏在經驗苦難的背後**。」因為徹底經驗(discharge)後看見真我，負面的思緒因為你的徹底經驗而消融，更多的能量會被釋放出來，慈悲是飽滿的能量，當你透過經驗自己的痛苦，會看到每個人都受制於模式、程式、看見他人跟你有著一樣的無助、無可奈何、痛苦、無助、掙扎、害怕時，你自動就會有慈悲，所以苦難能帶領我們覺醒，對苦難的覺醒導致心的開花。覺醒的種子必須種植在慈悲的土壤裏。

常常我們遍體鱗傷卻不敢擁抱自己，甚至還會輕蔑地、羞愧地回望那個自己，我們習慣在人前表演出符合他們期待的樣子，而忘了我們是多麼的脆弱、多麼的容易受到傷害。探索一個古老的傷口，真是一個美麗的時刻，更是一個冒險的時刻，讓我們可以好好的審視自己。

第一步就是最後一步

所以第一步到底是什麼呢？是覺知到你是受苦的、同時也是徹底經驗負荷、覺察你內在的狀態，當然更是與所有情緒同在，在這裏面覺察是一個持續不斷的過程，簡單的說就是「內在誠信」，而這就是到達圓滿自性的最後一步了，哪兒也沒去，不是嗎？你不能在痛苦中騙自己說：「喔！對呀！痛苦只是一個幻象」，或說：「反正巴關說『思想不是我的』、『根本沒有一個我存在』」……等，單憑知道這個教導，你真的就能免於痛苦了嗎？這就是拿靈性的教導來逃避苦難，教導是須要體證的，當你說出「煩惱即菩提」這個靈性概念時，如果你的內在仍有痛，如何能體證「煩惱即菩提」，唯有

2012大覺醒—
內在誠信讓生活成為一個靜心

當你經驗了痛後，痛苦能量的融解與從受害意識中的轉出，打掉好幾層的身份認同後，你才能洞鑑「煩惱即菩提」，你也才能說出「苦難是一個祝福」、「苦難是神性包裝的禮物」、「苦難是煉金術」……，否則你就是在對自己說謊，教導是須要在內在被經驗的，所以內在的誠實、覺察與體證永遠是第一步，同時也是最後一步。

因此，神秀禪師的「身是菩提樹，心如明鏡臺。時時勤拂拭，勿使惹塵埃」與六祖慧能的：「菩提本無樹，明鏡亦非臺。本來無一物，何處惹塵埃」是同一步了，要讓「我」消失，先要恢復健全的自我，要恢復健全的自我必得看進黑暗層面中那些塵埃，當你處在靈魂的暗夜中，也才能發現那座導航的燈塔(見附錄)，健全的自我就像花開了就會謝一樣，當自我開花了，在覺知中這個自我滿足了又滿足、滿足了又滿足，最後恩賜的降臨，「我」就消失了。

意識到每一個黑暗的那第一步，就是讓「我」消失的最後一步，因為意識到黑暗，也就意識到無知無明的幻象，你知道了「我」是一個認同出來的概念而已，苦難使我們慈悲，苦難更迫使我們全面的接納與臣服，苦難使「我」退場，從苦難去體證「我」根本不存在，這時苦難就真的可以說是神所給予的巨大恩典了。

所以如何摧毀認同？內在誠信。如何看到「我的生命故事」是個幻象？內在誠信。

如何知道「我」的存在是一個概念而已？內在誠信。因此意識到自己的黑暗、經驗那個黑暗的那第一步，就是覺醒最好準備。

用一個簡言流程來表示：徹底經驗（→喜悅→愛→轉化），括弧裏頭的全是自動發生的，這每一步都不是作出來的，而是自動出現，我們只是順勢而已，我們並不去對治嫉妒、憤怒、沮喪……，也不去尋找寬恕、平靜、愛……，只是學會全然地、徹底經驗痛苦的藝術，巴關說：「**經驗的藝術才是真正「生活的藝術」**（Art of Living）」，學會「受苦」是邁向覺醒的第一步與最後一步。

心碎的哭泣
是通往神的大門

~魯米(Rumi)

附錄—
巴關教導：七個免於受苦的真理

巴關曾揭示「七個免於受苦的真理」，私下認為這真是靈魂暗夜的夜行燈：

一、每件事都來自於一個單一的源頭。那可能是神或是能量。對生命而言沒有開始也沒有結束。

二、如果你與這源頭合一，你將不會區別好與壞、對與錯，所有的這些事都是我們自己的觀點，每件事其實都來自於一個源頭。

三、生命無非是對「自我」的追尋，在你的生命中，發生在你身上的事，你所遇見的人，每件事情都在映現著你的自我，如果你苦於貧窮，那表示你的內在出了問題，你必須從內在來解決才能走出貧窮。如果你有憎恨，那麼你所遇見的人都會展現憎恨的特質，如果你有邪惡思想，你所遇到的人也會有邪惡思想。試著先去了解你自己。

四、明白你在生命中經歷的一切事都是神的恩典，假設你走路的時候滑倒了，試著去了解那也是神的恩典，如果你能在每件事中看見神，你的生命將變得美好。

五、了解你在生命中經驗到的任何事都只是神給你的測試與考驗，那不是一個壞的體驗，如果妳認為那是一個壞的體驗，那麼就意謂著神是不慈悲的，如果你經驗了一個問題，將它視為一個面對它與超越它的機會，神給了你家人、財富與自信去面對挑戰，如果你了解這一點，你的自信會增加，神給你的測試只是去測試你的信心。

六、如果你了解所有你經驗到的事都是神給你的測試與考驗，那麼你將能更深入地去思考問題並且以較好的方法來處理它，你將會了解它的結果，然後你將不會再有恐懼。

七、如果你了解以上這六個真理，那麼你將會有一個巨大的轉化，從此，你將不只會慈悲，而且，你就是慈悲的本身。

八、遵循這些真理，你的關係會改善，關係中會充滿愛。到達這個階段，你就已經準備好可以接受我所提到的「手術」。你會經驗到像Ramana、Adishankara等聖者所經驗到的神聖恩典，你只會有喜悅，不要嘗試去做邏輯性的分析，我們的目標是開悟。如果你遵循這些真理二十一天，你會充滿喜悅，我們的問題在於我們只會散佈憂愁與悲苦，那就是地球瀕臨死亡的原因。經驗到了喜悅與快樂，你能散佈給別人的就只有喜悅與快樂。

~Sri Bhagavan

第二章 觀看命名的過程

看見頭腦無時不刻的耽溺於命名，命名就會停止，當命名停止，問題就消失了，因為問題之所以是問題，正在於你的命名。

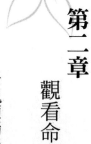

第二章　觀看命名的過程

「內在誠信」還包括了：觀看你命名的過程、觀看貼標籤的過程，這個過程有八個步驟，我們稱為「謊言八步驟」。

謊言八步驟

我們為什麼對自己不老實？我們為什麼連自己都要欺騙？歸根究柢就是因為「我」存在，「我」必須靠認同一些人格與形象而存在，當有了一種理想形象要維護，「我」就必須要對自己與他人說謊，他必須不斷地對自己說謊來維持自身的生存。因此生活中處處都看的到自己在說謊，巴關說在我們所說的謊言中百分之九十的謊言都是對自己說的，並不是說你說的都不是事實，而是說你對你自己的內在狀態不真實，如果你細細的去觀看，你會看到在你的每一個說辭裏頭那個顫慄恐懼的小我。

這說謊的八步也可以叫做逃離真相、逃離苦難的八個步驟，正因為害怕，正因為不會經驗苦難，所以用謊言來逃避，用謊言來安頓身心，因為這過程迅速而細膩，所以我們常自欺欺人而不自覺，就像我那才小一的女兒常在學校裏吹捧家裏有什麼玩具和CD，她說：「謊話就是會自動從我的嘴巴冒出來啊！」這是很強大的習性，除非我們有「內在誠信」。

以下我以男女朋友分手來舉例說明這個「謊言八步驟」：

一、有了一個內在衝突，在這衝突中，你必須站一個立場、作一個決定。

例如：妳和妳的男朋友分手了，因為他愛上了別的女人，妳的內在有很大的傷痛，因此妳在第一時間站了一個立場：「他是一個爛男人！」

二、你必須安頓你的內在，所以你開始對自己說謊，衝突愈大，謊言就愈大，你欺騙自己這個決定是正確的、這個理由是對的、這個立場是對的，你開始找理由，並說服自己、安頓自己，你對自己不真實。

妳開始在心裏找出各種他真的很爛的理由，腦袋裏充斥著各種回憶的片段，妳告訴自己：「我到底是哪裏做錯了？」「我對他那麼好，他竟然這樣對我！」「他怎麼可以不愛我？」……

因為沒有人教導我們如何徹底經驗悲傷，所以我們的頭腦用許多的思考、許多的謊言來閃躲。

三、你開始相信這個謊言，所以也就輕易忽略了令你不安的細節，也就是真相，你切斷所有細節，所以看不到真相，因為這樣你暫時得到解脫，但不久，內在衝突又來了，每次你都得花更大的力氣去說謊，你開始受心智的操控。

然後，妳很快的就來到了第三步—相信這個謊言，妳再也看不到他的全部面向，在妳的眼中，他就是一個負心漢，是一個忘恩負義的薄情郎。

然而這樣的理由與藉口並不能真的安頓妳，妳仍痛苦萬分，因為妳仍抗拒著真實。

四、你開始把它說出來，透過「說出來」來強化這一個謊言，公開這個謊言，讓它變成一個事實。你開始連他的優點都看不見了。

妳每天以淚洗面，然後妳從自己的受害意識中作出了詮釋，你不斷的說他怎樣又怎樣的傷害妳、辜負妳，妳卡死在自己編造的觀點裏了。

五、形成一個朋友圈、關係網尋求認同。召集同黨好友來認同你的看法，你們彼此分享與訴苦，彼此說謊。

妳的姐妹掏們也開始附和妳，她們同情妳，為了安慰妳，因此她們跟著妳一起罵他，還說：「這種男人配不上妳啦！」「早點離開他是你的福氣喔！」……，她們強化了妳的謊言，妳這樣的看法已經無堅不摧了。

六、透過參加一些活動來強化這個關係網，甚至作出符合這謊言的行為。

也許妳不定期的跟這些三姑六婆聚會，妳們在一起時總是一起數落他，妳則不斷哀嘆自己的命運，妳說：「遇人不淑啊！」「我真可憐啊！」

也許妳又交了下一個男友時，你更確認了之前那一個男人有夠爛！妳跟妳現在的男朋友訴苦，也跟妳的朋友說現在這個男人有多好。

七、有些人不認同你，你又開始有內在衝突，而每一次你都得花更大的力量來抵抗。

八、你的內在愈來愈不能承受這種內在衝突，你終於感到絕望、厭煩，你甚至忘了原本的真相是什麼。

實相是什麼？實相也許是妳從小有被遺棄過的體驗，所以妳痛恨別人有這樣的行為；實相也許是妳缺乏安全感；實相也許是妳童年沒有愛，所以渴求被呵護……，妳不去看到自己是什麼樣的人，於是也無從接受起，當妳不能接受這樣的自己，當妳不能愛這樣的自己，內在永遠不會有安寧。

有的謊言會走到第八步，還渾然不覺，有些人則走到第四、五步就會停止，總之，說謊是為了逃避苦難、逃避真相，一路的逃，只會創造出更多的苦。

看見頭腦無時不刻的在命名

「內在誠信」就是去看到謊言、看到為了什麼要對自己內在不老實，然後一層深一層的考古，直到看見了「謊言八步驟」的第一步—有了一個衝突，你必須要站一個立場。這個立場就是你的命名，你這樣命名是為了要逃避苦難、是因為抗拒實相，然而因為這樣的逃避，才真正的創造了苦。

我在工作坊裏帶領「合一覺醒課」的時候，總是會很習慣的分享一些適合走內在旅程的音樂，因為那對學員實修「內在誠信」很重要，認為有了合適的音樂陪伴，學員們才能較輕易地踏上內在的旅程，然而，真相是……。

有一次有一位傳導師發電郵出來，內容是如果有人想要音樂可以去找她。這封電郵讓我心中升起一種不舒服的感覺，內在有一種張力使我馬上的逮到了它，而這個不舒服讓我撞進了我的真實。

我看進這個不舒服，一會兒的工夫，我就知道這是ego的戰爭，因為我為自己貼了一個謙卑寬大的形象與標籤，無意識的、悄悄的在形塑一個靈性形象，所以這封電子郵件對我這樣的自我感是一種打壓，在知道她跟我一樣會分享音樂給別人時，自我在比較誰比較謙卑寬大，當也有人如此樂於分享時，我就不是最特別的那一個人了。所以，在無意識的念頭中，我是為了要突顯我自己，為了要與眾不同而這麼做的，小我卻以為自己無私的在為學員著想、無私的為巴關、阿瑪的願景貢獻著。

若沒有這面鏡子，我還以為自己是為了學員走過程方便所以分享音樂的，直到老師出現，我才赫然看見原來在我分享音樂的當下，無意識的心靈已經在為自己命名、為自己貼標籤了：我是多麼的心胸寬大，不像其他人，擁音樂自重；我是多麼謙虛，我是多麼平易近人……，只是當時沒有覺察到，「謊言八步驟」的第一步總是稍縱即逝的，因為這個不舒服，我發現小我在靈性裏仍要證明他自己。小我在形塑一個謙卑的形象，分

2012大覺醒—
內在誠信讓生活成為一個靜心

享音樂是為了證明自己，我是自私的，頭腦卻告訴我：你是謙卑、平易近人的人！

當我看到小我還需要這個的時候，真的是笑出來了呢！

另外則是關於我與我先生的。我和外子都算是孝順的人，從父親走後，外子就零零星星的跟我之間有些口角。帶著覺知往裏面踏一步，我看到了我的負罪感、自疚感。

那一年，癌末的父親在醫生的同意下回家過年，我原本想要待在娘家過年的，只為了多陪陪那個時日不多的父親，卻因為夫婿一句：「沒有女兒在娘家過年的，難道我的父母不是父母」一句話，只好忍到初二回去。初三，父親就又身體不舒服住進了埔里榮總，然後就再也沒出來了，記得，那是農曆的正月十五號，我知道從那一刻起，不管他對我再好，我很深的心裏是很埋怨他的，事實上，從父親患病以來，尤其是我留職停薪回娘家照顧父親的那半年，我簡直就認為一切都是他害的，從不給他好臉色，他天天打電話回娘家埔里來，但是我每一次都是冷言相向的，我無法與他連結，因為，我沒有了父親。

實相是失去父親的痛及伴隨而來的自責，自責自己甚至沒有見到他最後一面、自責沒能讓他舒舒服服的走、自責自己的無能為力，什麼忙都幫不上，很多的自責……

心中這樣的痛我全力的往責怪先生使力去，在那一年除夕的衝突的現場我就對先生貼了一個標籤：「只對自己的父母孝順」。在無意識的心靈中有一種怨，即使事實上他對我很好，事事順著我，但是種種的好都無法化解我心中對他的怨怒！甚至我常常看不見這些好，因為他的一言一舉一動都被我塞進那個觀點中了，於是我那個幻影般的觀點愈來愈茁壯，於是只要母親北上同住就有爭吵，於是他也開始認為我眼裏只有我們家的人……。

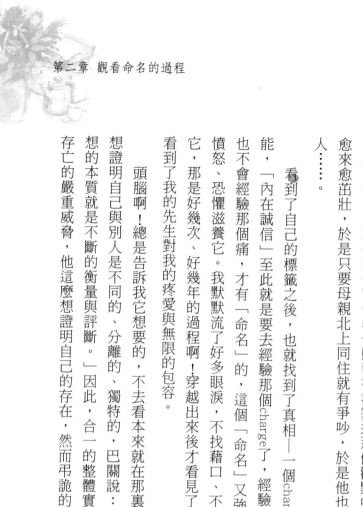

看到了自己的標籤之後，也就找到了真相──一個charge、一個痛點、一個負面的勢能，「內在誠信」至此就是要去經驗那個charge了，經驗失去父親的痛，正是因為不想也不會經驗那個痛，才有「命名」的，這個「命名」又強化了這個charge，我用埋怨、憤怒、恐懼滋養它。我默默流了好多眼淚，不找藉口、不找理由也不抗拒的完整經驗掉它，那是好幾次、好幾年的過程啊！穿越出來後才看見了是我自己要自己負罪的，也才看到了我的先生對我的疼愛與無限的包容。

頭腦啊！總是告訴我它想要的，不去看本來就在那裏的真相，小我總是無時不刻的想證明自己與別人是不同的、分離的、獨特的，巴關說：「頭腦裏就只有思想流，而思想的本質就是不斷的衡量與評斷。」因此，合一的整體實相對小我來說實在是攸關生死存亡的嚴重威脅，他這麼想證明自己的存在，然而弔詭的是，你不死去就不能真正的活著。

印度的合一大學有一個這樣的事例：

有一對瀕臨離婚的年輕夫妻，他們的婚姻觸礁了，彼此間不斷地相互指責，在長達七年的熱戀期後，他們結婚了，他們曾經擁有一份美好的關係，但是結婚還不到一年的時間，什麼都變了，從結婚第一天開始，他們的婚姻就變得令人憂心，他懷疑她所做的一切，她覺得他非常討人厭。

隨著時間過去，一起生活成了難以忍受的事，離婚似乎是唯一的選擇。有位朋友帶他們到合一大學，課程中，巴關讓他們明白了問題的根源。

原來在他們結婚的那一天非常的忙亂，而由於隔一天他們就要飛往美國去度蜜月，所以那一天的結婚典禮後，她的父母帶他們回家，忙著為自己的女兒準備行囊，無心之下，他們請家中的女傭招待新婚的夫婿，他是位高材生，有高社經地位，他覺得這樣被對待是奇恥大辱，他開始對妻子家庭中的每個人不經意的舉動，做更深的解讀，但是在一片混亂後，這件事就被遺忘了，怨恨卻已紮下了根，無意識中，他開始懷疑妻子的每個舉動，她所有對愛的誓言似乎都是膚淺的，他成了愛嘮叨抱怨的丈夫，而因為他不停的指責與批判，換成他的妻子認為他是無情的暴君，雙方都執著於自己的觀點。

這個故事後來當然有個美好的結局，感謝巴關與阿瑪的慈悲，他們看見自己是如何為彼此創造出地獄。

如果我們深入的去看，會看到我們無時無刻都在進行命名的過程，不斷地在內在編寫劇本，然而我們通常很難覺察，直到我們有了內在的衝突與痛苦、直到我們彷彿會失去，才能看到我們的執著與無意識的命名，也才看到我們有多麼大的沈痾與習性—在別人身上、在事物上尋求自己。

這就是為什麼在關係的模式裏，我們更能看見小我處處為了捍衛自己的生存而做出各種的命名。比如我的母親，在家庭中她總是照顧者的角色，這個照顧者會給自己命名，媽媽小父親十七歲，早年照顧我們，晚年照顧爸爸，長期下來自己的存在感都放在別人的身上了，並以這樣的角色來命名自己，這個照顧者一旦失去了照顧的對象，生活會頓失重心，彷彿有一部份的自己隨之遠去，而且這樣的自我感，在需要接受別人的照顧時有著非常大的壓力與焦慮。

在合一大學有個有趣的故事是這樣的：

有一位村長老先生從鄉下進城要去探望他孫子，在鄉下，村民因為尊敬他，都會向他敬禮，讓路給他；他到了大城市，在大城裡，孫子與他同行，突然，孫子抓住他不讓他繼續過馬路，因為車流很大，爺爺：「你為何站著不走，你在等甚麼？」孫子：「爺爺，這麼多車來來去去，我們不能過馬路，所以我們要等。」爺爺：「如果你想過馬路，跟我講一聲，我可以馬上幫你做到，你看著！」老先生說完立即把手伸出去，馬上，所有的車子都停下來了，爺爺於是對孫子說：「你看，過馬路多簡單，我們可以馬上過馬路，因為我是村長，只要一抬手，大家都會停著。」孫子笑了，老先生很不高興說：「你笑甚麼？」孫子：「阿公！不是因為你舉手叫他們停才停的，那是因為剛好紅燈，所以大家才停車。」

村長爺爺在當村長的過程中、在別人尊敬他讓路的過程中不斷的以命名與認同來壯大他的自我感。正因為難以覺察，所以我們需要鏡子的反射；不過，如果我們知道在我們尚未開悟前的一言一舉一動的背後都會有一個小我，然後去觀照我們的一言一舉一動，常常很快的就能逮到了那「謊言八步」的第一步—命名。

記得有一次，我們班上有位同學沒報名去暑假的班遊，我只是隨口一問「為什麼沒一起去玩玩？」他就哽咽的說不出話來，我本來就知道他父親領有殘障手冊，一定是為了體貼媽媽，看著不知如何回答的他，我當下就直接跟他說：「班上園遊會反正有賺，就從那兒拿吧！」其實我是自掏腰包的，因為不想讓他覺得有壓力。就在這舉動後，我馬上就看到這舉動的背後不是為了別人，也許有那麼一點吧！但更多是為了我自己，為了證明自己是慈悲的、善良的，因為這樣的我是讓我的頭腦認可的，能讓小我自我感覺良好，這樣的自我形象能滿足頭腦的期待，因為很快的覺察到，所以我沒有在這件事上投注與壯大一個虛幻的自我感、不會有一個錯誤的認同。

甚至連我跟母親一同上菜市場買菜時也都有命名在發生。在一個大晴天，我與母親到傳統市場裏的一個水果攤挑選蘋果，在一旁的我當然也跟著幫忙挑，我覺得不錯的就拿給媽媽，媽媽跟往常一樣很自然的會再檢查一下，有的會放進袋子裏，有的就放在一邊，我觀照到當媽媽沒將那個我挑中的蘋果揀選入袋中時，我的內在是有干擾與起伏的，此刻會這樣命名：「媽媽就是不信任我」、「我能力不夠好」……等等，其實這是很細微的、很深入的信念，若缺乏覺知，我根本不會意識到，甚至會覺得這樣解讀太可笑，我不會相信的，然而隨著覺知的深入，它就是被逮到了，這個觀照也讓我想起我跟兩個女兒上市場挑水果時，當她們選的被我放進了袋子，她們就會有被肯定的笑臉，如果沒有，她們就會有些失望，甚至是生氣，啊！都是一樣的，想法與念頭無時無刻都是繞著小我的生存在進行的。試想，若那個無意識中進行的信念：「媽媽就是不信任我」、「我能力不夠好」被不斷的壯大，然後一輩子為了證明這個信念而努力，而這些信念會設定我們的脈輪，因為磁力的法則，吸引相對應的人、事、物、境，然後你更證明了自己的那個信念果然是沒錯的，人生所有的決策依據此開展，痛苦就真的是自找的，那麼我們的罪與錯，就在於沒有覺知了！

例子多到不可勝數，「內在誠信」就是去看見頭腦無時無刻的命名：

如果你有一位朋友在馬路邊，你看到一輛摩托車疾行過來，你的身體自動的拉了他一把，然後你的頭腦無意識的命名：「How nice of me！」這樣的命名累積再累積就會形成一種人格，來自於一個命名的人格、來自於一個概念的人格，一個虛幻不實的人格；然而，那其實只是身體自動化的行為而已。

你也許在自助餐排隊等點菜，結果有一個人趁亂插隊了，你退了一步，又第二個人插隊了，你又退了一步，這時你的腦袋又自動的在進行概念與概念之間的連結網，這時你命名自己是一個寬厚的人。

你也許上課都搶第一排正中間的位置聽講，你坐在那位置上一久，彷彿那就是你的了，有一天有位同學不知情的坐了你的位置，你的小我一定又開始蠢蠢欲動。

你也許在路上看見一輛BMW高級轎車駛過，馬上就貼標籤而不自知呢！你也許認為開BMW的都沒水準、都財大氣粗、都沒有靈性……。

你也許因為吃素，而認為自己特別高尚、特別不同、特別靈性，你可能說：「我吃素喔！」話中帶著高人一等的傲慢，記得淨空法師曾說會開悟的都不會是那些自以為在吃素的人。

靈性並非由生活方式來定義的，你不能說住豪宅、開名車、看電影的人就代表不靈性，而每天打坐冥想的人就很靈性，別把靈性變成一種生活方式，靈性不是用你的生活方式去定義的，靈性是你和人連結的能力，如果你開口閉口都是要愛世界、拯救世界，卻無法連結身邊的親人，那算什麼靈性，如果你能與神對話，卻不能跟你的先生或老婆講話，那又算什麼靈性！以為靈修是要「斷親情」的人，是將冷漠與超然搞混了。

錯誤的靈性概念

你也許在靈修的過程中，又因為不斷的命名而生出了另一個自我形象：與眾不同、超脫世俗、清新高尚……，從世俗的我執，移動到靈性的我執，是一樣的我執。

又或者你命名了你的生活會因為靈修而從此幸福美滿，你認為你的生命從此進入應允之地，然而當生命境界再度現前時，你於是哭喊說：「為什麼還是這樣！」「祢為什麼沒有照顧我！」你憑什麼認定靈修後，你的生活就應該一勞永逸，生命從此完美無瑕，沒有任何問題！憑什麼認為你瞭解了頭腦的本質，就認定應該進入應許之地！憑什麼認為你懂合一的法了，你知道如何體驗苦難，就認定自己不會再有痛苦困擾你！憑什麼認定你有來自神的洞見，就認為它能使你對生命有免疫力！你認為對生命有免疫力才叫靈性有成長，你認為這是靈性進步的指標，不是這樣的！不是這樣的！戳破這幻象吧！這是錯誤的靈性概念，這是因為你逃避實相、抗拒實相而有的命名。

許多人踏上靈性追尋之旅的動機是錯誤的，我們期待靈修能讓我們沒有煩惱，因為沒有正確的靈性概念，所以遇到困難時對自己很失望，甚至批判自己遇到問題怎麼還是這副德性，你以為你退轉，但事實上沒有。我身邊就有許多人對靈修有錯誤的了解。常常，我們為了要解決我們心理的痛苦，因此我們想要「成為」另一種人，認為只要「變成為……」就能免於痛苦，靈修成了一個「變成」的過程，我們不是常聽到別人這麼說嗎：「他不是在靈修了，怎麼還這樣？」或者「怎麼靈修還會遇到這種事呢？」這就是佛陀說的「第八十四種煩惱」—想要擺脫煩惱的煩惱。佛說我們永遠會有八十三種煩惱，而這八十三種煩惱皆因有了第八十四種想要擺脫一切煩惱的欲望時，我們就開始痛苦了，若沒有第八十四種煩惱，前面八十三種煩惱並不會帶給我們痛苦，因為我們不會命名為「煩惱」，不會認為那是不好的而想排除它，這個痛苦來自於想對抗它、排除它、擺脫它，我們認為生命應該沒有煩惱的本身就是一種錯誤的靈性概念，所以佛說祂無法解決人類的八十三種煩惱，但祂能解決第八十四種煩惱。帶著這樣錯誤的靈性概念走進追尋靈性的旅程，這個「變成」的旅程只會讓我們愈來愈不能接受自己，愈來愈不能接受生命的本身，一個不愛自己的人就是最受苦的人，一個不愛自己的人也不可能有轉化發生，我們追逐著要變成某種人，這樣的努力是對實相的一種抗拒，所以這一條路是不可能讓我們「變成」的，因為轉變是在接受與愛中自動發生的。

這個錯誤是因為我們對靈性有出於恐懼的命名。靈性是生活的本身，去經驗生命中的喜、怒、哀、樂，生命中不是只有光、愛、喜悅與滿足自在而已，生命還會給你挫折與失落，生命才是「一」，給你無盡的體驗，給你最完整的教導，阿瑪說過：「我會透過生命引導你／妳」看吧！生命的本身就是神，祂引導著我們認識我們是誰，這才是靈修的目的。

許多人誤會開悟的人從此就過著喜悅沒有痛苦的生活，不是這樣的！不管你覺醒了沒，你仍舊會有害怕、憤怒、受傷、不安全感……，唯一不同的是他們的覺受與經驗的方式，他們不會與之對抗、掙扎、卡死，痛苦就痛苦，他們接受它，徹底經驗之後，就完全沒有殘留，讓它們流過，活過此經驗，快樂就快樂，也不會想要留住它。誠如巴關所言：「**一個覺醒的人允許事情像雲一樣飄來飄走，一個覺醒的人承受所有『是的』而不試圖改變。**」

命名出於抗拒實相

開悟者對苦難不執著，他們不認為這是自己的苦難，而是整體的苦難，他們不會企圖擋開負面的經驗，而是自在的擁抱任何情境。

真正會讓你痛苦的是：抗拒它。

Charge事實上是與真相抗拒所產生的情緒負荷。我們不能接受生命中各種的安排，我們說：「生命不應該如此！」我們抗拒生命，那麼我們為什麼會抗拒它、逃避它呢？因為會害怕，為什麼會害怕呢？那就回到了第一步了：有一個未能徹底經驗的情緒，留在那裏就成了害怕，如果我們會徹底經驗情緒、如實如是的經驗事物，那麼不管發生的是什麼事，都不會是痛苦的，事件的本身不管是什麼都不會有痛苦，痛苦是由殘留在身體的情緒振動加上你自己的信念之後生出來的。這就是巴關說的：「**痛苦從來不來自事件的本身，痛苦來自於你的觀點。**」而一個觀點的產生就是因為一個沒有徹底經驗完成的負面情緒，又正由於這個未完整經驗的負荷與信念使我們不能如實如是的經驗事物，使我們透過濾鏡篩去了實相，只要我們能如實如是的經驗事物，一切都是法喜的，巴關說能如實如是的經驗事物才是活著，才是人，否則只是被模式、負荷、信念控制的機器人而已。奧修也說：「要非常感激的接受你自己，任何是的，就是，它不可能是其他的樣子，所以，不要跟它抗爭。事實從來不會產生任何心理的痛苦，是解釋在帶給你痛苦。痛苦是你所創造出來的，因為那是你的解釋。改變那個解釋，同樣的事實就會變得令人愉快。放掉所有的解釋，事實就是事實，它既不是痛苦的，也不是愉快的。不要選擇，不要有任何偏好，只要觀照，接受與觀照，那麼你就握有了秘密的鑰匙。」然而要如何放掉觀點與接納自己？那就是徹底經驗負荷，接納不是「去」接納，接納也是在徹底經驗完負荷後自動發生的。

宇宙中有許多的自然法則，我們若與他們對抗就會帶來痛苦，例如：因果法則、外在世界是內在世界的投影等等。另外一個就是巴關所說的「流動法則」—在失序與秩序之間流動的法則。

生命在失序與秩序這兩者之間擺蕩，不管是健康、關係、工作……，一切都在這兩者之中，我們總想確保一切都是完美的，如：健康，即使我們非常注意健康，勤加運動、練氣功、吃酵素、打生機果菜汁……，但終有得到了疾病的時候，當秩序不再，我們通常都是非常努力的找到那個可以怪罪的對象，因為我們需要一個解釋，有可能是：神恨我、這是我的業力……，不是怪自己，就是怪某人、怪政府、怪神，不然就是不斷的問：「為什麼？」「我這樣好的人，怎會遭遇到這種事呢？」事實上，這是宇宙的法則，跟你是好人壞人無關，受苦跟這些信念有關，我們甚至還因此編出故事來，然後因為錯誤的信念，又再帶來了另一個法則：「內在的心識會顯化於外」。如此下去，你就更相信你的信念了，你還說：「你看吧！我認為的果然沒錯！」我們成了自己信念的受害者，當我們認同頭腦裏的信念，就會創造出問題，問題只出於頭腦。

若不了解自然法則，會為我們帶來痛苦、掙扎、恐懼，世上一切的萬事萬物都是這樣流動的，小宇宙會發生的，大宇宙也會發生，大宇宙發生的，小宇宙亦然，道家叫這樣的宇宙實相為「陰陽」，佛家說是「無常」，巴關說這種擺盪，「是造化從不停止的舞蹈」。這是生命在失序的混亂與秩序之間擺蕩的自然法則，**如何防止失序的產生就成**

了一個錯誤的問題，重點是失序時你如何經驗這個混亂？你如何回應這個混亂？

靈性的解脫之旅絕不是讓你永遠沒有負面的經驗的。所以，建立起正確的靈性概念，永遠都會有問題與受苦，別以為築起靈性的高牆就可以保護你，不管你上了多少課，是什麼與什麼的master，仍舊會有許多問題困擾你，靈性確實是會有一些保護，但在生命情境上的保護是沒有的，情境仍會來、生離死別仍會來、生老病死仍會來。建立好概念：遇到問題是可以的，被問題卡死了、困擾了是可以的，我們永遠都會有八十三種煩惱，一切都是正常的，沒什麼異常！

缺乏內在誠信導致低意識

在我們的成長過程中，如果我們無意識，就會不斷的為自己命名，然後再不斷的投射出去，不斷的為負荷命名的結果是，不僅強化了負荷，也強化人格的認同，當我們缺乏內在的誠實，當我們說謊，那個謊言會反過來形塑我們的人格，成為我們人格的一部份，自我築起一道道堅實的高牆阻礙我們經驗實相，認為是外在的人與事傷害了我們，所以當我們觀看貼標籤的過程，能幫助我們看清小我的每一個把戲、幫助我們辯識出所認同的並穿越出來、幫助我們覺醒，因為你會看到頭腦無時不刻的在命名，命名或貼標籤只是一種想法，而想法都是虛幻的，它來自頭腦，頭腦源自過去，沒有回憶和過去這件事，只有對那件事的感受存在，我們的信念才是使我們卡住的原因，能量本來就是流動的，你對某個人、事、物貼標籤、下結論，它就往那兒發展，再透過這個信念架構出解決問題的對策、架構出我們生命的藍圖，因為我們是那樣義無反顧的認為我們就是那些思想與心智。

我們把能量浪費在對抗上，說謊與命名都是一種對抗，耗掉能量的我們只會有低頻的思想與情緒，所以缺乏內在誠信會導致負面思想，然後負向的心緒模式又會顯化為衝突與疾病，負能量還會吸引相同的人、事、物、境前來，我們內在破裂的傷口，會不斷吸引相同的情境出現，直到我們傷口修復為止。宇宙是慈悲的，不斷給予我們機會找到愛，只有坑坑洞洞填平了，才能完成圓滿。每一個痛苦都給予我們機會去穿越、敞開並找到愛。

在印度有一位deeksha giver ，他目擊一個政府官員因駕車違規而撞死了一位印度農人的事故，但因為政府官員的威脅與利誘，他作了偽證，指出肇事者是另有其人，使得已經相當貧困的一家人，因這個經濟支柱入獄六年而更加艱辛，這六年，他因為良心不安，不能接受自己是deeksha giver 卻作了這樣的事，不斷的逃避去一片混亂的思考中，內在的衝突與掙扎，開始顯化在外，他的家庭慢慢地變得不和諧、健康也開始亮起紅燈，他開始失眠、體力不支、吃不下飯……，六年後，他帶著十萬盧比去請求對方寬恕，對方一看到他，仍舊責怪他害他們的一家之主坐牢而使得全家陷入困境，他跟對方說：「我也一樣坐了六年牢啊！」當他清楚的看見自己的狀態，當他說出這句話時，突然間，他內在的思考與衝突消失了，慢慢地，家庭與健康都重新回到和諧的狀態。

如果沒有「內在誠信」，我們的內在會有衝突，內在會開始喋喋不休，執迷於思考，沒有「內在誠信」會讓我們處於較低意識，當較低意識吸引較低意識並融合時，會顯化為外在關係、健康、財務上等等的困難。所以「內在誠信」是很重要的。如實觀照自己的起心動念，了解心智頭腦如何想撒謊，逮住自己自欺欺人的狀態。相反地，若我們有內在的誠實，我們就會有高意識、有正面的思想與觀點，並且看到你的受苦是一個幻象，它來自於一個立場、一個信念、一個觀點，當你看到它，內在就不會再衝突了，當內在不衝突時，我們的思想退潮，寧靜就使我們遇到了臨在，臨在是思想到不了的地方，轉化於是發生。

深入的作「內在誠信」，你會看到「我」是一個幻象，因為「我」的內容物(或者說

「頭腦」的內容物)就是charges、思想、情緒、制約、信念、批判與衡量。在我們生命的每一個故事裏，我們投注的每個詮釋、思想、情緒反應、觀點、意見、立場，在那裏形成了自我感，尤其是那些被我們所強烈認同的「我的故事」以及因此而來的「我是……的人」，當你打破對charges、思想、情緒反應、信念、故事的認同時，「我」還存在嗎！換句話說，當我們創造自己生命的故事時，就是為了想要成為某種人。

我以下面簡單的圖示來標明小我如何出現，及「內在誠信」如何覺知小我的生存遊戲、打破小我的認同：

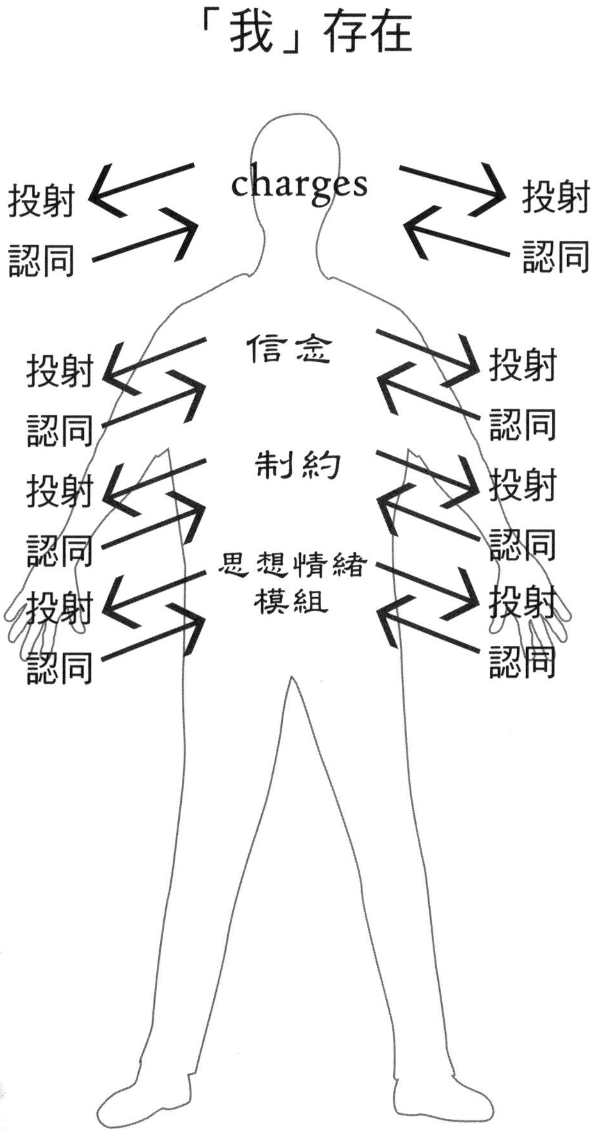

「我」消失

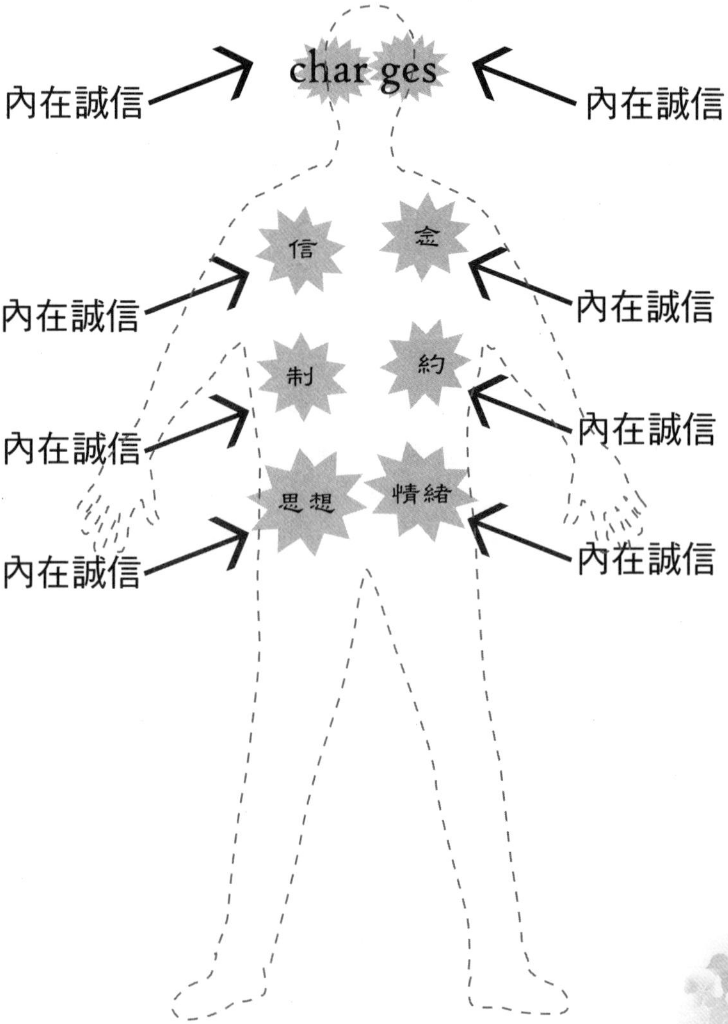

小我是一塊最大的濾鏡，透過小我這塊濾鏡，這個世界就是分裂的、分離的、二元的、扭曲的。透過「過去」這個的濾網，一切都蒙上了「我」的色彩，於是就看不見如實如是了；然而，如果我們能無時不刻的看見頭腦不斷的在命名與貼標籤，一切就會停止，內在有一個空間被創造出來─覺知的空間、寂靜的空間。至此，頭腦沒事可做了、安靜了，臨在就會介入，當感知百分百的釋放出來時，生命成了體驗而已，沒有任何問題需要解決的，所以，不要追逐奧秘的片刻，巴關說：「**體驗生命的本身就是最大的奧秘**」，任何的說明都說明了你的感知被頭腦綁架而無法如實體驗了，解脫指的是從頭腦解脫，讓感官自由。所以觀看命名的過程能幫助你觀看頭腦，馬上逮到頭腦裏發生了什麼，然後對它笑了笑，最終解脫自在。

這裏要小心的是：請不要誤以為頭腦是一個錯誤，而把它當作敵人來對治，你不必去否認它、打壓它、改變它和批評它，只須覺知和觀照頭腦在那裏就夠了，因為它的本然只能這樣，允許它這樣，但你必須觀看到命名的過程，要像看到一個物品一樣的清楚，那個覺知與接納就創造出你與頭腦的距離，你不再認同，所以，**問題不是頭腦本身，問題在於你認同了頭腦**。

這就是這間教室莊嚴的所在：一開始，我們往往因為生活的困難而有求解脫的期待，當然這個「解脫」被誤以為是沒有煩惱的境界，這樣的信念促使我們踏上追尋的道途，於是生生世世獻身於此，驀然回首，赫然發現，解脫不是到了一個完全沒有痛苦與難關的應允之地，放下的竟是當初努力追尋解脫的那份執著，然後發現，我們已是那個我們尋找了很久的那個人了，我們已是那個我們期待很久的那個人了，我們需要作的只是去認出來而已，然後我們能對生命說「是」，「是」是全然的放下與臣服，「是」是全然的交託，沒有一點小我的抗拒，「是」是夠消融、夠柔軟、夠流動，這個說「是」的旅程，我們繞了一大圈，才讓那個奧秘揭露—起點就是終點。

當我們能對生命說「是」時，生命中沒有任何問題了，奧修說：「不要將生命看作是一個問題，它是一個極其美麗的奧秘。去喝它，它是清醇的酒！成為一個喝生命之酒的醉漢！」巴關也說：「生命的存在不是要來解決問題，更不是要被訓練成為解決問題的專家，而是要去經驗它的奧秘！」生命目的不是要來解決問題，更不是要去尋找答案，只是要能享用這杯生命的醇酒！如實的觀看你自己、觀看我們命名的過程，你真的會上癮，然後滿足的醉了，你將不會再有其它的不滿與慾求！

第三章 頭腦與臨在

問題起自頭腦，想解決這個問題的也是頭腦，這就像叫小偷去抓小偷，是無效的努力，除非臨在，而臨在是頭腦到不了的地方。

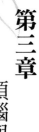

第三章 頭腦與臨在

頭腦的本質就是分裂的，頭腦裏就只有思想流，這裏談到的思考都是針對內在世界而言的，在外在世界功能性的思考是需要的，但在內在世界，思考本身就是一片濾鏡，使我們不能經驗如實如是。思想是什麼呢？思想都是二元價值的、會衡量與評論的、充斥著過去的回憶的、基於charges的，如果你去觀照思考，會發現舊資訊一直在循環，使我們活在過去的模式中，基於一個charge的思考模式是根本解決不了問題，但是你卻對思考變得有癮頭，因此神經元建立了習慣性的路線，然後你愈來愈憂慮，因為你一直想怎麼辦？一直在問為什麼，你不是在合理化、貼標籤，就是在找藉口，在念頭上轉來轉去，只是在浪費你的能量而已，我們常聽到人家安慰親朋好友說：「唉！你別想太多了！」「你想開一點啦！」這對他們來說是知易行難，除非他們能觀照到這個思想流，經驗完charge。

而且我們只有一個頭腦，一個古老而分裂的頭腦，我們共同吸入、吐出同一個思想層，巴關之所以稱之為「思想層」就在於它跟大氣層很像，環繞著整個地球，這一萬兩千年的思想全在這裏，因為磁力的結構，使得我思考，就跟我呼吸、我消化、我循環一樣，裏面沒有一個「我」在做這件事，問題就在於一個「我」存在的幻象造成了有一個「我思考」的幻象。

什麼樣的思想流過我們，決定於我們的脈輪排列方式，而我們的脈輪有怎麼樣的排列方式，取決於我們過去如何經驗人事物，去**看見**這個「如何」就是重點了。

頭腦裏沒有臨在

然而，頭腦裏並沒有一分覺知去看見那個「如何」，頭腦只會認同這個曾經經驗過的人、事、物、境，並會不斷的將這過去的事投影到現在與未來，不斷的評論、比較，還會選擇對小我有利的觀點來詮釋，頭腦對這個自動流入的思想予以認同，認為這就是我的人生，於是我們就活在頭腦裏了，活在「我」存在的幻覺中了。當我們認同了頭腦，下一步，我們就變成了頭腦與那個思想，我們成為我們所想的，我們成為我們所是的，我們不再是頭腦的主人，頭腦才是駕馭我們的主人，我們所認知的世界與我們的反應全出自頭腦自動化的生化程式，活著的是它，不是我們。

怎麼辦呢？你必須去看見那個「如何」，因為看到那個「如何」你就不會認同頭腦，你就會知道，痛苦來自於你的觀點，那要如何看見那個「如何」呢？就是「內在誠信」。

當我們的內在有痛時就會下意識去抗拒，這個時候，我們就會說謊，會站一個立場，會建立某種信念，並在這謊言與信念下，作出一種詮釋，就是這個分析與解釋使我們受苦的，它使我們不能如實經驗事物，就是這個謊言與解釋使我們逃避了苦難，然而，巴關說：「**受苦來自於你逃避苦難。**」你的苦正來自於你不會經驗苦，是逃避與抗拒使我們受苦的，謊言與解釋的本身就是一種抗拒與逃避，這在〈第一步就是最後一步〉也有談論到。

將實相轉進為一個觀點的正是頭腦。巴關說：「頭腦即是業。」說的正是頭腦中這些創傷與認同的信念、思想，當你認同這些思想的下一步，就是你變成那個思想，當這些心念顯化於外，那就是業了。

頭腦裏沒有臨在。

透過「內在誠信」、透過這個「如何」，我們看見了一個抗拒，當我們帶著覺知，不抗拒、不分析、不找理由、不解釋的重新經驗這些未完整經驗情緒，負能量的消散，自然伴隨著正面思想的出現，於是我們看見了實相，自動的就接受了實相，一個虛假的認同就會被融化在覺知之光中。

一個認同的打破自動就能平衡每個脈輪並開展其幅度與速度，當脈輪平衡了，它磁吸過來的課題與人、事、物、境就會改變。業力的結構於焉改變。啟動拙火的方法有很多，在這裏，是用教導的實修與對教導的正確認識來啟動拙火與平衡脈輪的，一念之轉的力量更大於其它的修持。我以一個很簡單的流程表示如下：

釋放舊有的情緒↓清除負向信念↓脈輪平衡

以「內在誠信」平衡脈輪

許多古老的瑜珈都知道我們不只有一個身體，亢達里尼瑜珈就說我們有十個身體，除了我們肉體的身體之外，我們還有好幾個不同的身體或層(layers)，梵語稱這不同的身體或層為koshas，這些不同的koshas是彼此相互聯繫、相互影響的，如果我們改變其中任何一個身體，就會自動的影響其它的身體，幾個比較主要的koshas如：身體(Annamaya

Kosha)、生命能量體(Pranamaya Kosha)、業力體(Karmamaya Kosha)、精神體(Manomaya Kosha)、智性體(Vigyanamaya Kosha)、幸福體(Anandamaya Kosha)。而脈輪則是連接所有身體或層的能量中心，所有不同層面的身體都會被脈輪的平衡與否影響，而流經不同脈輪的靈性能量我們稱為亢達里尼，這能量影響脈輪，再經由脈輪影響身體的不同層。

因此脈輪的平衡與koshas的清理是很重要的，合一大學教導了許多修煉脈輪與喚醒亢達里尼的呼吸靜心法，目的就是要我們能觸及合一的意識，如果這些不同的層、koshas全部平衡與和諧，就能使我們展現出真實的自我，也就是以合一的意識去經驗我們的生命。然而因為每個脈輪都有各自不同的charges使脈輪不平衡與扭曲，因此釋放負荷(discharge)可以平衡脈輪，當然還有許多的修煉方法可以去平衡脈輪，如很多的呼吸法或瑜珈，那是很好的，可以搭配著實修，但對合一的教導來說，一念之轉的力量是更大的，也就是對教導的實修就足以使脈輪能量平衡回來，所以我們不能只是練練呼吸法就想要使拙火啟動，這些呼吸法都是用來幫助我們實修「內在誠信」的工具。

在第一章裏頭我們談論到釋放負荷的過程裏，最困難的是有一個應該要釋放負荷以脫離這個狀態的念頭的本身，有一個態度認為我應該要釋放負荷，在這個態度裏你責備了自己，並且有了期待釋放後的狀態，這就是對抗的本身，會使脈輪的能量因緊張而失衡與耗能，是這樣的想法使我們受苦的，當一個脈輪失衡了，我們的思想、情緒乃至於身體都會同時受到影響。

踏上靈性追尋之旅的我們總是在追求完整，然而完整並不從追求完整而來，當我們追求完整時，就是對不完整的不接納，不接納產生的抗拒使我們內在衝突，這個衝突會影響脈輪能量的流動，阻礙了它回到平衡的狀態，當你想解決問題而付出努力時，你的努力的本身就是一個最大的阻力。

所以釋放負荷是要有「內在誠信」的，就只是去看見你的反應，然後再去看見你對自己這樣的反應的反應，不斷的看見，看見你想要解決它，看見你有一個態度認為這樣不應該，然後就只是讓目前的狀態如實的呈現，態度與觀點會阻礙我們經驗的純粹與徹底，只要你有意願去看，有勇氣去看，有覺知去看，並且徹底去經驗它，下一步會自己發生，如果你抱著一種要讓平衡發生的期待，不僅無法徹底經驗，也正因為無法徹底經驗，下一步，也就是你所期待的平衡狀態也就出不來。你愈作出努力解決問題，問題只會愈發生。

下面簡單敘述charges與脈輪狀態之間的關係：

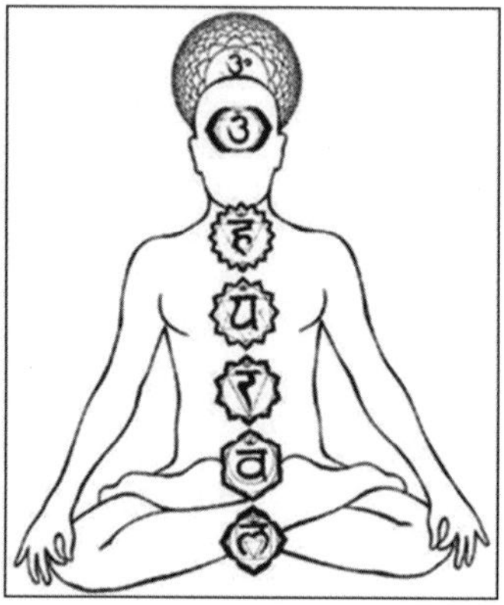

土輪（海底輪）：對死亡的恐懼會障礙他的運行。情緒不穩定、沒有安全感、一直想改變、躁動不安。

水輪（生殖輪）：罪疚感會障礙他的運行。失去愉悅的情緒，就算聽到美好的音樂、聽到別人稱讚你……都不再有感覺，感官麻木，機械性的生活，不覺得是活著，感到寂寞，而感到寂寞會引發上癮行為。

火輪（太陽神經叢）：妳不能接受的恥辱、挫敗會障礙他的運行。不確定感、不安全感，因此衍生出操控，透過操控去得到重要性，證明自己是對的，別人都是錯的。

心輪：沉痛的往事會障礙他的運行。受害者意識，並會散播出這樣的訊號：沒有人關心我、沒有人愛我。

聲輪（喉輪）：掌管真知。自欺欺人的謊言會障礙他的運行。遇到挫敗就會放棄。

金輪（第三眼）：掌管直覺。分離的幻象會障礙他的運行。

頂輪：執著與牽掛會障礙他的運行。

踏上靈性道途的人，常常修煉上面那三個充滿光、愛、自由與直覺的脈輪，而忽略了下三輪，事實上，下三輪有許多今生的或累世的創傷，大多數的我們在這三輪都是充滿傷疤的，我們很多時候都經驗到被拒絕、被遺棄、沒有愛、絕望……，因此，下三輪不健全就會障礙上面幾個脈輪的運行，所以，靈性最重要的區域是療癒內在受傷的小孩，也就是charges，那是通往慈悲與開悟的入口。

蓮花是從污泥裏綻放出來的。

「內在誠信」中乃有臨在

這種內在的旅程我試著以一個簡單的流程來顯示：

（一）由外在事件往內探索：

有衝突與干擾↓內在誠信↓看見說謊（對自己內在狀態不老實）↓維護某種自我形象↓來自charges↓discharge（與那份實相、情緒同在）↓對實相的接受性↓平靜

反過來講：

（二）內在的衝突會顯化於外：

有未完整經驗的情緒（或者說內在有抗拒與分裂、不接納的部份）↓以某種觀點投射出去、形塑自我形象↓說謊↓受苦於內在的衝突↓低意識顯化為外在的衝突與不和諧

所以，解脫指的是從頭腦解脫，但很清楚的，解脫自由並非來自改變頭腦的內容，而是來自於完整地經驗其內容，解脫也不是靠追尋臨在而來，只要作深入的內在誠信，

強烈覺知內在狀態與接受內在狀態，才能使頭腦安靜下來，所以，要有正面的思想，你必須要處理你古老的傷口，你必須先穿越黑暗，光明才能自動發生，當你穿越了對頭腦的認同，不再以滋潤小我餵養頭腦，你看遍了小我所有的技倆，在深深的接納與明白它只能這樣之中，頭腦就安靜下來了，而臨在是頭腦到不了的地方，透過內在誠信，我們讓頭腦安靜下來，在思想退潮的那個寧靜片刻裏，臨在(恩典)才會流過，透過恩典，我們才能覺醒。讓生命成為一個很深很深的放下吧。我們並沒有企圖要到哪裏，因為企圖到哪裏的本身，就是對如實如是、對當下的抗拒，抗拒使頭腦說謊與解釋，說謊造成內在衝突與低意識，低意識顯化為外在的衝突，而離合一愈來愈遠。

我們受苦於有一個巨大的幻象—「我」存在的幻象。然而實相是「Sat-Chit-Ananda」，「Sat」是空性的存在、合一的存在；「Chit」是純粹的意識；「Ananda」是永恆的法喜狀態，我們是「Sat-Chit-Ananda」，我們是存在、意識、法喜，當我們認出這個真實的自性真我時，不管外在的條件滿足與否，我們都是法喜自在的，我們的喜樂與痛苦從來不是由外在因素決定的，我們無需改變我們的工作、老婆、先生、小孩、車子、住所……，來使我們快樂，我沒有問題，你也沒有問題，生命的本身沒有問題，因為我們的意識狀態就是會自動的將我們推進永恆法喜的當下；然而，如果我們還受困在小我存在的幻覺裏，那麼不管你是成功還是失敗、不管你有沒有在靈修、不管你有沒有教育水平、不管你是國王還是乞丐……，因為有一個「你」，你就是會有無法連結的分離感、空虛感，就算你覺得一切都好好的，你仍然會受苦，你甚至不知道如何解決它！巴關說：**「不是你受了什麼樣的苦，而是『你』就等於『苦』。」**

佛說的那第八十四種煩惱，歸根的講就是因為有一個「我」存在的幻象，若我們移動到實相的另一端—「合一」，也就是空性、佛性，我不是那個小我的思想、頭腦、故事、信念，那麼也不管我是國王還是乞丐、是成功還是失敗、是台大畢業還是智障、有沒有信仰……，我們的存在狀態的每一刻就是法喜，每一個片刻都是神聖不凡而充滿喜悅的。

所以離苦得樂的旅程不在外面，而是在內在。回家吧！我們在外面奮戰太久了。當你接受、放下、臣服時，恩典就會流過你，因為「臨在」是頭腦的不在，如何讓「頭腦不在」呢？看著它，不認同它，不認同就能讓它「不在」，那如何才能不認同它呢？「內在誠信」。這就是「內在誠信」與「臨在」的關係。

附錄——
巴關教導：思想是一切問題的根源，而「內在誠信」就能停止它

動物會受苦嗎？動物不會受苦，除了有時候是非常短的生理上的痛，如果你打了一隻動物，牠會有生理上的痛，並且會在一個很短暫的時間裏對你發怒。過了一會兒，牠不再對你生氣了，因為動物只有短期記憶，牠們沒有長期記憶。

但是人類有長期記憶，因此我們持續的想著那件事，想著那件事就是你受苦的原因。假設有一個人走過來並給你一個巴掌，會發生什麼事呢？這巴掌打到臉的這一邊，這一邊臉有幾分鐘會熱熱的，就這樣而已，那這有什麼問題呢？你可以把這個想成是對你臉部及頭部某種很好的運動，然後就這樣離開。

然而你卻這樣想：是誰如此無禮的打你？為什麼他要打你？怎麼回擊他？如何打他？所有的事情就這樣發生了。這就是我們所謂的受苦，事實很簡單，就是一隻手過來打在你的臉頰上，或有人從背後踹你一腳，就這樣而已，然而每次你都因此心情低落，為什麼？你為何要如此大驚小怪？

因為回憶在頭腦裏，回憶是什麼？回憶是一道思想流，而思想是一個罪犯，它總是惡作劇，它總是製造問題，它靠比較來存活。所以，思想是所有問題的根源，它藉由將事實轉換為一個觀點而創造出痛苦，但是如果你過著「內在誠信」的生活，你就能停止它。

如果你過著「內在誠信」的生活，思想本身就會停止，思想只有在需要的時候來，或者，即使它來了也只是正式功能上的思考，就像電燈它一直亮著，但開關在那裏，你可以像開關那樣把它關掉，就這樣做。那樣的思考不會去想過去發生什麼或未來將發生什麼，你就只會處在當下。在那個當下你是不能思考的，當下裏只有活生生的體驗，完全沒有任何思考。

但是，你已經有這樣的習性，像是說謊，這樣的思考已經成為一種習性，你不能停止你的思考，所以你不斷的思考、思考、思考，而這是浪費你的能量。這就是為什麼你經常感到疲倦，你因為無止盡的思考而沒有辦法享受生活，對於那樣的思考它的重點是什麼？如果這些必須要停止，那你必須回去作「內在誠信」。如果你想停止說謊，你必須要練習「內在誠信」，隨著說謊的次數減少，思考就不需要像這樣子的作用著。

思想裏充滿了來自小我的謊言，小我就是一直思考，持續不斷的掩飾實相，因為如果它不思考，真相就會暴露出來，而你並不想看到你自己的實相，你不知道，當你了解別人很多的時候，其實你一點也不了解你自己。

你對於你自己的了解是很少的，但你似乎相當了解別人，而事實是如果你多看看你自己的內在，你會發現什麼？你會看見每個人想要自我感覺良好。你不喜歡有罪惡的感覺，你不想感覺很差勁，所以每件事都被掩飾的很美好，在你內在的那些垃圾被巧妙的裝飾，它被隱藏起來，那就是你的問題，你從來沒有看見真實的自己。

對別人說謊是還好，但是對自己說謊會毀了你自己，如果你有「內在誠信」，之後你就會成為一個自由的存在，你就會像一隻小鳥，自由自在的在空中飛翔，你會變成完全的自由，但你必須要練習「內在誠信」，**唯一的工具就是「內在誠信」**。

~ Sri Bhagavan

第四章

當愛出於頭腦時

愛不是依賴、不是需要、不是依戀、不是佔有、不是期待……，這是乞討，這是匱乏，這不是愛。

第四章　當愛出於頭腦時

記得有一天晚飯的時候被女兒的一番話嚇傻了。

因為催促她們吃晚餐，女兒頂嘴，被我罵說：「可以跟長輩頂嘴嗎？跟我說對不起！」她又頂說：「我就是喜歡自己發脾氣啦怎樣！」我就更生氣的說：「手伸出來！」我打了她的手一下之後她就滔滔不絕的講了一大堆「道」。她說：

「媽媽妳懂愛嗎？妳懂真的愛嗎？妳的愛都是假的愛，真的愛是不要勉強別人，讓別人做她自己喜歡的，妳的愛都是勉強別人，會勉強別人是因為頭腦裏有壞蛋的細菌，它跟妳說一些不好的話，妳被它吸引住了，就會去說勉強別人的話。真的愛是全人類、全動物都喜歡的，包括外星人與天使都喜歡，而且當妳喜歡自己那個樣子的時候，那個細菌就會愈來愈小，天使會換一個能量給你，這就是愛。」

這段話給了我一個當頭棒喝，被一個才剛從幼稚園畢業的孩子敲了一下，我馬上說：「對不起啦！」女兒說：「妳不是要跟我說對不起，而是要說謝謝。」我說：「為什麼？」女兒說：「因為這是要提醒妳，讓妳知道什麼是真的愛。」

所以，假的愛是來自頭腦囉！小孩真是天生的禪師！

出於恐懼的愛

頭腦裏的細菌就是我們的創傷、恐懼、制約、信念……，我們的愛都是出於頭腦的這些內容物：出於恐懼、出於需要、出於依戀、出於條件好成就高、出於某種自我……，所以在我們還沒有覺醒之前，我們的愛都是自我中心的，當愛出於頭腦時，我們就會操控、會害怕失去、會佔有……，「我執」造就了「情執」！

巴關說：「**當你看見你是因為害怕失去而愛時，你就自動會愛了。**」(不是因為愛了，才怕失去的)，為什麼害怕失去？因為我們利用這些關係來填補心中巨大的分離感、空虛感，我們利用關係逃避自己的苦難卻自以為多麼的愛對方，當你看見你只能這樣愛人時，真正的愛才能長出來，當你看見不是你多麼愛他／她，而是你有多麼需要他／她的愛，是你有多麼的空虛，看見後掉進那個原始的坑洞裏，自然地就能接納，因為那是一個既定不可變的事實，接納中就有平靜，寧靜的心靈中，愛的花朵才會綻放，因為愛是高頻的、飽滿的，如果你在恐懼中，如何有能力愛？如何有能量愛？

阿瑪說：「**每一個人的內在都有一塊虛無的地方。**」當你看見了自己的虛無，並因此連結到全人類的傷痛都來自同一個模式，你就會慈悲，並對自己的成長有了更多的責任，神聖的責任。

父母與我的關係，一直是近幾年來我有意識不斷操練的課題，我的一輩子都在恐懼著跟他們分離，這樣的分離恐懼使我受苦，但我的頭腦不想要我面對我內在的真相—虛無，所以它不斷的告訴我：我好愛他們、我不能失去他們、我是一個孝順的女兒……。然後再由一個孝順的女兒的自我感與認同裏，許多的情緒都因此被牽扯出來：愧疚、自責、批判、憤怒、嫉妒、不平、孤單、抗拒……，因為當我不能和顏悅色時，我就會拿「我是一個孝順的女兒」來質疑自己、譴責自己不該如此，因為缺乏內在的真誠，內在的混亂造成低意識，低頻的情緒也只好跟著來了。

在我對父母的愛的背後，原來是恨，恨那份痛，恨那份虛無感，實相事實上是我有恐懼與害怕，卻說那是愛，恐懼什麼：怕沒有人呵護了、沒有人依戀了、怕人評論、怕孤單、也怕自己的罪疚感跑出來……我害怕孤單，所以我有避免孤單的需要，不是因為孤單的本身，而是孤單會使自我的真相暴露出來，這使我恐懼，看見實相，實相是自己的害怕與自己的需求，實相不是我是多麼的愛他們，而是我有那麼的需要他們的愛，實相是我是如此的自私，卻自以為是孝順，當這樣的需求彷彿不能再被滿足時，會有一種自己要死了的恐懼，看見自己那最底層的虛無感、看見自己只能這樣愛人、看見自己害怕孤單；接納自己只能這樣愛人、接納自己害怕孤單、接納自己並不孝順，看見與接納的那個片刻，自己經驗到一個很大的放鬆，反而如此才能掉進真正的愛裏頭。

所以，想上帝、想業力，怪自己，怪別人，想東想西的本身就是不想面對真相，巴關說：「**內在誠信就能停止它！**」這使我看到了我的恐懼和本質上的分裂所造成的虛無孤單之感：怕沒有人呵護了、沒有人依戀了、怕人評論、怕孤單、怕自己的罪疚感跑出來……這些害怕確實來自於我的詮釋與認同，認同之後接著就是投射，於是我的恐懼就是來自於無明的投射：失去了又怎樣？失去了就沒有人會愛我了！沒有人愛又怎樣？沒有人愛那我就是一個可憐無依的人了！可憐無依又怎樣？我看到我的詮釋來自於一個認同和一個自憐的意識層次，實相只是內在那一大片荒涼需要被呵護，或者說那一大片虛無需要被掩藏，在頭腦的層面裏，我知道什麼荒涼、什麼虛無、什麼孤單全是幻象，是因為「我」存在而生的幻象，但那份荒涼畢竟是太真實了，所以，逃囉！不是嗎？我逃了百百千千世了，人類也逃了百百千千世了，多麼強大的習性啊！以前沒有覺知時，根本不知道有什麼苦好受的，現在那所謂的「存在的悲傷」實在是太巨大了，巨大到難以承受，覺知卻帶來難以承受的虛無感，那……怎麼辦呢？

「如何放下」是個錯誤的問題

巴關說就跟這樣的自己在一起，不要急著擺脫掉這樣的情緒，也不要急著去尋找寧靜，因為寧靜不靠追尋而來，寧靜只靠跟它們同在、承認這樣的實相而慢慢自動生出來的，這樣的情緒多久就跟它們在一起多久！(那真的不是很舒服的經驗。)

這種時而煩躁、時而虛無、時而徬徨的心情擾得我急欲尋找逃脫的出口，我看見自己想逃的慾望，所以我是這樣帶著勇氣與覺知有意識的把不斷想逃走的自己不斷的拉回來，從自責裏拉出來、從對上天哭喊不平裏拉回來、從嫉妒比較中拉回來、從靈性的道理裏拉回來、從看見長壽又健康的老人時又想發「為什麼他就可以那樣長壽」的問題裏拉回來……，要用「拉」的，因為這些不好的情緒雖然不好受，但畢竟投射出去相較於面對自己的虛無起來還是容易多了，因為知道這些全來自無明、全是投射，帶著覺知、帶著愛，仍然讓自己與虛空的感覺在一起，讓深沉的虛無感把自己啃蝕殆盡，然後慢慢地，慢慢地，在心中升起一點寧靜，並感受到對全人類的慈悲與神的愛。

全人類的每一個人最深的內在都有一分荒涼與虛無的感覺需要別人滿足，生命的教導最終卻告訴我們沒有人可以滿足這個需求，我們必須直接跟這樣的情緒面對面，讓這樣的情緒碰觸你，因為逃跑也不會減低這樣的痛苦。我的女兒在才只有兩、三歲的時候，就會說出擔心爸爸、媽媽老了會上天堂的話，擔心會與父母分開，說著說著還就像真的似的哭了起來，說不要與爸爸、媽媽分開，這誰教她的，她還那麼小，竟就有這樣的分離恐懼，其實這樣的分離意識早就在每個人的嬰兒時期就開始了，而生生世世這樣深刻的生離死別的記憶早已卡在細胞中，是啊！那是來自遠古洪荒時期的記憶！你怎能不憐惜自己有這樣的恐懼，然後，自然地，你的心也開始伸向了全世界。

當愛不出於頭腦時，真愛才能綻放開來。這樣的愛不怕失去、不會恐懼、不會佔有、不會依戀、不會操控、不會期待、不因任何條件的滿足，就是愛，只會祝福不會期待與操控，而這樣的實相卻必須從看見你的現狀開始，你必須對內在保持絕對的真誠，然後你就會看見期待是根植於恐懼、依戀佔有是根植於恐懼、渴求是根植於恐懼、操控是根植於恐懼……，然後接受你這樣的狀態，並不從「追尋」真愛開始，如果你追尋他，巴關說找到世界末日了，你也還是找不到。

這樣的一條回家的路，確實不太好找到，因為在頭腦的世界裏，是永遠都找不到出口的，出自於頭腦的尋找永遠會讓我們迷失在分離裏頭。那個讓我們受苦的地方，正是讓我們超脫的地方，然而使我們受苦的，卻是小我急欲逃離與擺脫的，難怪生生世世的靈修都像在走迷宮一樣，覺得自己這一世是這樣的幸運，遇見神，也遇到一個量子跳躍的年代—二〇一二。

女兒還說她實在太高興了，說我不會再被頭腦裏的壞細菌影響了，知道了什麼是真的愛。喔！我還在路上呢！正在體驗著苦呢！體驗著在其中神那深沉又壯麗的愛。

記得有一次在探索分離恐懼這個課題時，我不斷的自問：「我為什麼那麼愛？」「我要如何放下我的執著？」這些問題一直縈繞在心頭，因為我剛好想上廁所，隨手拿了一本放在廁所裏的書—《一個心世界》，那是一個奇妙的感覺，有一種特殊的能量引導著，我隨手一翻，就停在第六十五頁，我的眼睛好像被一條無形的磁鐵吸引而直接的鎖定在左手邊最後一段話上：

你如何放下對事物的執著呢？試都別試了，這是不可能的。當你停止在事物中尋找你自己時，那個對事物的執著自然而然會消失。在此同時，只要覺知到你對事物的執著就可以了。有時你不會意識到自己對事物的執著，直到你失去了它們，或是面臨失去的威脅。如果那個時候你生氣了，或者開始焦慮等等，那就表示你對它們是執著的。「我是那個覺察到自己有執著的覺知。」這就是意識轉化的開始。

這一段完全在回答我的問題，也只有這一段，往前面一點，往後面一點，都沒有這個主題了，我當時痛哭流涕，浸沐在神的愛裏頭，我是真的知道神那深沉又壯麗的愛，祂隨時在身旁，以各種奇妙的巧合介入我的生命。是啊！「放下對事物的執著」的本身就是抗拒與執著，巴關說：「**醒悟者不執著於任何事物，所以他與萬物同在，當你去操練『不執著』時，只會導致冷漠，那不是真正的放下。**」

附錄——巴關教導：你愛，因為你害怕失去親愛的人

問：如果我們在愛裏，就會有失去親愛的人的恐懼，如果我們不在愛裏，那我們會有孤獨的痛苦。如果說不管怎樣都會痛苦，那我們為什麼要有關係？

巴爾：

你愛，因為你會害怕失去親愛的人，如果你不害怕失去，那你根本就不會在乎，所以宇宙中的每件事都是自相矛盾的。

如果有前，就有後；有高，就有低，宇宙就是這樣的結構，除非你會因為某些原因害怕失去你的朋友、配偶、小孩，否則你是不可能愛他們的。有孤獨，所以才需要愛。

這樣的愛是由以下的威脅所支撐的：你會因為疾病或其它的原因失去那個人。生命就是這樣；然而，生命的美好就在於：如果你可以看到這件事和這種情況是不可避免的，你將會開始接受它，事實上，你將會真的愛上。

事實上，已知的情況並不會有任何問題，問題是你沒辦法接受如實如是，如實如是就是那個時間點已發生的事，你沒有辦法改變它，所以，一旦你了解，你將會接受它，然後，愛就會自然而然的在你心中升起。

培養一個美德是沒有用的，除非它可以幫你融入群體，試著要表現很好、很仁慈、很慷慨，這些行為都不會幫助你開悟，因為這些都不是真實的你，這就是我們常常說：如果你沒開悟，就別假裝成開悟的樣子，如果你不是個覺者，就不要表現的像一個覺者，你不需要把你自己跟甘地、耶穌、佛陀比。

你不需要覺得不妥，你就是你，沒有其他人像你，你因為有你的嫉妒、你的憤怒、你的憎恨及不管在那兒的是什麼，這一切使你獨特，你應該要可以看到你自己的憤怒、你自己的嫉妒，就像你可以看到一個東西。

當你不再評論它，那是有可能的，那每件事就會如實如是，它將不是你所認為的，要記得，這些東西本來就是宇宙把它放在那裏的，宇宙的洪流創造了你，所以你必須要順著流走，跟它一起生活，經驗它、享受它。

一個開悟的人是不會試著要去當別人，他就是他自己，你的問題就是你一直試著要去改變，就像你試著要去把一隻狗的尾巴拉直，你從來都不可能改變。

當你實際看到那個改變的不可能性，接受你自己與愛你自己就會發生，**你不須要去接受或去愛，它會自然發生。**

~Sri Bhagavan

第五章 親密關係的療癒——不要在別人身上尋找自己

當你說你的關係有問題時，不是你的關係有問題，而是你的內在有問題，讓我們痛苦的不是外面那個人，而是我們內在與痛苦連結的體驗，他人並不重要，你**如何**經驗他人才是問題的根源。

第五章　親密關係的療癒——不要在別人身上尋找自己

Sri Amma曾說：「**生命中的每一份努力都僅是對愛的索求。**」讓我們深入到這個真理裏。

東、西方的文學作品裏充斥著許許多多為人歌頌的愛情故事，從梁山伯與祝英台，到羅密歐與朱麗葉，從詩、詞、曲，到劇本、小說、電影，有單戀、苦戀、熱戀、有閨怨，我們對愛情上癮，我們對愛情飢渴，我們對愛情充滿期待，為什麼？當愛情幻滅，我們的生命又陷入深深的失落裏，為什麼？

我們都認為要覓得一個良緣，找到那個Mr. right，我們的人生就有了救贖，我們把自己幸福與不幸放在是否遇人不淑上，如果你繼續透過關係的抓取來滿足你，終有一天，這個夢是要幻滅的，因為你的期待等於你的抗拒，抗拒你自己的實相，實相是什麼呢？請記得，實相永遠只關於你自己，這很好證明：假設現在有一百個人，你很討厭甲這個人，但是如果有九十九個人都很喜歡他，那麼有外面那個人的存在嗎？所以，我們要面對的只是自己，要負起責任的也只是自己。

一切實相只關於你自己

任何一種癮頭，不管是生理的嗑藥、抽煙、吸毒、酗酒、暴飲暴食，或是心理上的對愛情上癮、對工作上癮、對權力上癮、對某種思想情緒模式上癮……，這些癮頭的背後都有一個charge，我們有責任去療癒自己，否則這些癮頭將掌控我們的人生，決定我們的際遇，這些使我們上癮的毒素不僅毒害著我們，我們也會將毒素發洩在別人身上，也許是我們的伴侶、小孩、父母、同事……。

當我們來到人世，都會有一種與本源分離的孤獨感，與存在、與整體的割裂，我們單獨的踏上靈魂之旅，再加上在成長過程中，也許你的父母很忙，讓你哭泣乾等了好幾分鐘，而且媽媽們總是聽他們的媽媽們說：「小孩子哭了，別馬上去抱，否則他會常常要你抱！」這不知是哪裏來的觀念，總之，你感到不被愛、被遺棄，一種渴望被愛及空虛的感覺就這樣深植在每個人的無意識裏了，那是一種很深切的痛苦。

在合一大學有這樣一個故事：

從前，有個烏龜家庭出發去野餐，烏龜做什麼都很緩慢，牠們花了兩年的時間準備，三年後，牠們出發了，找到一個地點，牠們花了六個月打開野餐盒，發現牠們忘了帶鹽，野餐不能少了鹽，經過許多的討論後，牠們決定派最小的烏龜回去拿鹽，牠同意了，但是有一個條件，在牠回來以前大家都不能吃東西，大家也都同意了，於是他就離開了。

兩年、三年、五年、七年過去了，他仍然還沒回來，在第七年時，他們之中最老的烏龜受不了飢餓，打開了三明治包裹。突然，最小的烏龜從後面的一棵樹跳出來，說道：「我沒告訴你嗎？在我回來之前大家都不能吃東西，我就知道你不會等我回來！現在我不想去拿鹽了。」

我們花一輩子的時間考驗別人對自己的愛，Sri Amma：「**小時候對愛的渴求不足，更大的時候去追求這個愛，生命變成漫長等待的過程，因為人們會去測試什麼是真愛，但尋求的不滿足，後來會變成憤怒，人們以為愛是尋問與追求，以苛責的方式要求，結果常常是挫敗與絕望。**」所以，當另一伴離開了你，或是另一伴不負責任、背叛你、不照顧你、不體貼你、不疼惜你、不尊重你、自我中心又任性，我們就會覺得有什麼被剝奪了，你因此感到挫折、憤怒、失望，然後就會批判對方，最後變成怨恨對方，要不就掉入自我譴責裏，如果是這樣，我們不僅是對一個無意識行為模式反應，而且我們也被挑起了無意識的反應，當然，除非你開悟，否則就是壓抑與假裝平靜，所以我們多半心弦跟著被撩撥，然而，如果我們還能看見自己的反應，那個時刻，就是靜心，就是修行(sadhana)。

對對方失望、憤怒、怨恨的底層其實是根植於內在的那份害怕，害怕那份原始的虛無感跑出來。我們對某種能給予我們我們所需索的特質上癮，當能滿足我們的那份關係不見時，我們就充滿憤恨與怨懟，如果你看的到，你恨的不是別人，而是內在虛無的孤單與恐懼暴露出來了，你只是在逃避這個人生根本的苦，親愛的，請知道這些開悟的大師、智者講來講去絮絮叨叨的都是這幾句，就是要我們能回歸自己，你的喜悅並不取決於你得到什麼，你的痛苦也從來不是因為你失去了什麼，那份痛，那份苦，是一直深藏在那兒的，不是他人造成你痛苦的，因為你一直在抓取關係來掩藏它，你花了許多能量來蓋掉它，直到你不斷的失去那個人、失去那份關係，轉過頭來，你就會看到你的執著，**看到**你和你自己的爭戰，看到你不斷的在別人身上尋找你自己。

一切實相只關乎我們自己，不是他人說了什麼或做了什麼。

配偶關係是地球這個大道場中最高階的課程。伴侶關係是因為人生課題而磁吸在一起的，生命中最大的障礙常是在最親密的關係裏，我們與配偶一起生活在同一個屋簷下，每一天要面對多少的事情，因為最親密，所以最容易出現無意識的反應，我們彼此的需求與期待因為被對方滿足，而深深的依戀對方，我們互相需索對方的能量以求完整，然而完整性只能來自你自己，不是別人，這個需求與期待的本身就是一個坑洞，如果我們不帶著覺知，將會有多少的痛苦與折磨，我們必須要看到自己那個坑洞，不能以關係為手段去填補，抓取對方的能量，最終只會導致失衡與衝突，關係中將會充滿那些坑洞的投影，Sri Amma說：「**愛的缺乏，是所有問題的根源。**」（全文詳見附錄一），德雷沙修女也說：「這世界上渴求愛的比渴求麵包的還要多！」問題的根源就是我們不愛自己，我們自己沒有愛，**那個沒有愛的自己才是需要療癒的人**。

如果你能看到我們自己沒有愛，然後去經驗那些生命最初的體驗：失落、被遺棄、被拒絕、沒有人愛、孤單、害怕……，徹底經驗完後，你會愛上這樣的自己，當愛從你的裏面長出來時，你不會再去以關係為工具去抓取愛來填補那個黑洞，因為，你就是愛。

巴關曾舉一對關係很糟糕的夫妻為例：

妻子說，我這男人是個酒鬼，巴關，我希望祢可以改變他是個酒鬼的事實。那男人說，這女人很輕浮，我希望她可以變成不輕浮的人。我們告訴他們，我們不將酒鬼變成不是酒鬼，或是將輕浮的人改變為非常不同的。我們所能告訴你的是，你必須處理自己。

因此，輕浮的人必須接納自己是輕浮的，你會愛上作為輕浮的人，這對你而言是唯一真實的事情，她開始在這上面努力。而對於那男人，我們說你是個酒鬼，接納自己是個酒鬼，愛自己真實的樣子，說出：「我是個快樂的酒鬼。」他們在這方面努力了約三小時，最後這男人完全愛上了自己。他並沒有停止作為酒鬼，他接納自己和愛自己。這女人接納自己是個輕浮的人，愛上自己。

在此之後，這女人接納男人是酒鬼，愛上了他。男人接納她是輕浮的人，愛上了她。當這發生時，他不再是個酒鬼，她也不再是個輕浮的人。

這就是我們必須開始練習的方式，抱怨你的父母是沒有用的，你必須開始處理自己。人們有處理他人的習慣，這樣你將一事無成，你不能改變人們，你所能做的就是改變自己。最奇妙的事情是，當你改變時，他人就會自動改變。只要等待一段時間。

療癒關係不是企圖去改變別人，在這裏我們不談改變、不處理別人、也不試圖去了解對方、分析對方，因為改變對方是無效的努力，改變必須是自動發生的，而分析只會造成分別心與批判，你也無法了解一個人，因為裏面根本沒有人，在這裏我們是去療癒自己的內在，當我們的內在還有逃避與未接受的面向，就會在關係中以衝突呈現出來，

2012大覺醒—
內在誠信讓生活成為一個靜心

當你說你恨某某人時，你真的是恨外面那個人嗎？痛早已經在你的內在紮了根了，我們都是在內在體驗事物的，讓我們受苦的是內在與痛苦關係連結的那份體驗，我們的裏頭有一個負荷在對人起反應，我們是跟自己內在的那份痛苦體驗在抗拒與掙扎，我們卻認為他人必須為我們的痛負責，而且我們輕易的就可以找到那個代罪羔羊。

有人小時候被父母疏忽，因此覺得父母不愛我，長大後，他也覺得伴侶不愛自己；有人小時候是被收養的，於是她有被遺棄的感受，長大後害怕被遺棄的她百般的取悅先生，先生卻偏偏外遇，將女人內在的那顆種子如滾雪球一般的滾了出來，形成很大的風暴，然而，在這些艱難的時刻裏，你也許才願意看見自己內在的不足與匱乏，這種愛的匱乏使我們一輩子都在當討愛的乞丐，即使匱乏的人常努力想證明圓滿與幸福，下場也都常以離散收場，有這種匱乏感的女人也常以強出頭、故作能幹與堅強來呈現，男人則常以「中年危機」來合理化自己的失志與外遇，當然，匱乏的內在仍然硬是顯化於外在關係裏的不圓滿與不和諧，內在匱乏的人，上天是不可能掉下一份美好的禮物給他／她的，是我們創造了我們的實相，我們卻深信自己是某個更高意識下的受害者，其實，我們是自己的受害者。

你在自己本就圓滿自足的自性之外尋求認同與肯定，你要求要有一個人為你的人生負責，你在別人身上尋找愛，你要求別人要符合你的期待、認同你的看法，我們總是錯誤的想在別人身上尋找到自己。這時候你真的要非常敞開，當你試圖要穿越這些關係問題時，你只能看見一個受傷的自己：沒有愛、渴求愛、被拒絕、被遺棄、渴望被肯定……等面向，是這些體驗讓你體受苦的。

當你的內在完全沒有衝突，當你能接受自己內在的一切真實，當你能允許自己本然的樣貌，你就真的能如實的接受他人、愛他人，允許他人成為他自己，你尊重他的本來樣貌，不會想要操控對方、改變對方，一切就會開始自動的開花、結果，轉變必須是自動發生的，如果你努力的想改變別人來調整關係，那麼，即使對方配合你，你仍然不會得到平靜，而且通常只會造成更多的痛苦，你如何能改變一個人呢！如果裏面有一個人，那麼你也許可以透過了解他來改變他，但問題是裏面根本沒有人，你如何能改變他人！如果你處理的是你自己，你將能感到非常的喜悅，而當你內在喜樂，一段時間之後，外在的那個人竟就自動轉變了。

所以我們跟什麼樣的人結緣，都是內在結構的相互吸引，什麼樣的人並不重要，重要的是你**如何**經驗他人，從這個「如何」裏去看見尚有抗拒與分裂的自己。關係的生活讓生命成為一個大道場。不要一味追求高妙的境界，自己的生活及各種的關係處理就是最大的靈修場所，我們的生活反應了我們的意識層次，我們的生活告訴我們我們是誰。

不安全感是個幻象

不安全感是很多女孩子用來綁住男人或使自己痛苦的無明。記得剛新婚那初幾個月，經常夢到被老公背叛，夢中不是老公另結新歡，和我漸行漸遠，就是我離家出走，拋下那個在後面苦苦追趕的我的丈夫……，夢醒後都是驚魂未定的心悸，殘留的情緒仍舊持續發酵，那種情感上被欺瞞的受傷感覺，每次醒來都是栩栩如生的，事件是假的，但情感上的撼動卻是真真切切的。但是我的先生根本對我好的不得了，一切都好好的啊！上天給了我幸福，我卻仍然不能享受生命。這說明了一件事：安全感是內在的感受，如果你向外去尋找，無異於緣木求魚。

也許就因為無意識中有這麼深的恐懼與不安全感，所以我總喜歡無意識的操控我們家爸爸，這個觀照讓我掉入了一個charge裏頭：

記得是在唸碩士班一年級的時候談了生平的第一場戀愛，所謂的熱戀談不到幾個月，那個男人就人間蒸發了，這麼荒謬的劇情，現在回想起來總覺得一定是有什麼神聖的安排與意義。

雙魚座的我有卓越的、天馬行空的夢幻能力，加上小時候瓊瑤小說看太多，所以我有很明顯的公主病，渴求著被呵護，腦袋裏充斥著被王子拯救、被超人拯救的夢幻愛情，而且那種因為愛你所以要離開你的愛情更讓我醉心，所以當超異能的吸血鬼愛上脆弱的人類這種劇情當然吸引我了，因為吸血鬼太愛了，不忍傷害人類女孩，所以只能選擇離開她，這種悲劇是我在無意識中渴望的。

我花了十年才看見那正是我想要的淒美愛情，當然它必須是悲劇，內在心識在最適當的時間點顯化於外境，對方必得扮演出我們渴求與期盼的，如同覺者李耳納那隻從不吠叫的狗，在遇到了一位極懼怕狗的婦人時，也就只好衝上前去對她狂吠了。我們不都有這樣的經驗嗎？當我們還是新手媽媽時，總是不斷的提醒孩子：「不要跌倒喔！」「小心喔！」然後小孩就真的跌倒了，他們是為了我們而必須扮演這個角色、演出這個劇碼；相反的，如果我們自己療癒了，對方也就會神奇的轉化。生命中的每一個人都在幫助我們成長，看到他們在我們成長中扮演正面或負面的角色，並對他們的角色予以體諒，有一個咒語箴言「Tatvamasi」和「I am that.」皆是在說明一個宇宙精神法則—「外在世界是內在心識的倒影」，意識會顯化於外，當你說愛情就該如此，意識會說：「我即是它」，而將它顯化於外，在這個宇宙精神法則下，我們不得不承認，一切都是「自作自受」。

今生到此，生命已透過不同形式的痛苦不斷示現，使我知道今生在這個地球道場中有一個相當重要的課題要主修，就是「心」—親情與愛情。而且當我有意識的要處理失戀這個charge時，竟然在住家附近的大賣場出口看見他攜家帶眷的，這樣的劇情未免太匪夷所思，從他人間蒸發後就一直音訊全無，卻在我有意識要回溯這個負面勢能時，他突然出現，我開始信任整個宇宙，信任生命的本身，當你準備好，老師就會出現，在你身邊帶來功課的都是老師。

因為這場初戀的幻滅，我對人產生了不信任感與不安全感，一、兩年後我的下帶就年年不斷的在感染，我試過各種療法，舉凡西藥、中藥、針灸、靈療、氣功……都沒法根治，然而當我穿越這個不安全感的幻象後，我每年不斷在復發的下帶感染竟就此不藥而癒，到現在也已經四年未犯了，一念之轉的力量，馬上就扶正了我的海底輪，讓病根消失。身體的疾病來自於意識裏有疾病，因為問題與疾病都起於較低意識，並將這意識層次體現在外在世界，是意識中有疾病了才顯化於外，所以提升意識才是根本之道。

缺乏安全感的無意識特質已逐漸失去它對我的掌控力道，但我仍舊發現一件好玩的事：

記不得是幾年前某個下午貪嘴喝了一瓶學生請我喝的珍珠奶茶，因為三尖瓣脫垂是不應該碰有咖啡因的飲品，一喝果然立刻見效，心悸的很厲害，已好幾年不曾這樣了，我不斷的用靈氣去撫觸，但一下子來的很急，沒法靜下心來調整，就在這「怦然心動」的幾個小時內，我發現我的舊有思想情緒模式因為連結到身體的振動而又浮現了，不斷的想像先生另結新歡、和我的漸行漸遠、甚至還想像小孩的撫養權歸誰……，等的負面情緒，當它浮現出來的時候，我發現自己像是在看電影一樣的看著這些思緒在我腦袋裏飄來飄去，等我的心悸停止後，這樣的負面意識也就停止，那是沒有認同、沒有恐懼，只有寧靜與喜悅的自由，那是觀察者意識的本身。

雖說思想、情緒影響著身體，我卻看到身體能誘發出情緒的慣性模式，身體與心靈是交互影響的，不可偏重某一個而忽略了另一個。

愛從自己開始

談到這裏一樣要有一個小心，「不要在別人身上尋找自己」這句話，並不意謂著隔絕所有的關係，如如不動的禪修，人通常處理一段不良的關係的方法就是剪斷它，那麼你躲進山上閉關數十年，在靈性上也不會成長的，因為你的心與世隔絕，習於冷漠了。「不要在別人身上尋找自己」的意思正好與此相反，當你說關係有問題時，不是你的關係出了什麼問題，或是他人有什麼問題，而是你的內在有份不良的體驗，你在跟那份體驗掙扎，調整關係指的是面對你的那個體驗，**我們對抗的是自己的內在**，不需要有一個外在的人在現場才能去調整關係。

你是因為你的「自我」被撩撥而與對方爭吵的，也就是你的內在有charges的程式被啟動了，是那個charges使你痛苦，然而我們卻常錯以為是那個人使我們痛，錯以為我們恨的是外面的那個人。在每一份關係的危機裏，你只能更看見你自己，與別人沒有關係，你不是由你的伴侶愛你或不愛你、信任你或不信任你、漂亮不漂亮、體貼你不體貼你、負責不負責來定義的，而且也不是由外在的一切定義的，諸如：外貌、身份地位、財富、轎車、成敗、房子、孩子的成就……，然而我們卻常向外尋求自我感。

關係是幫助我們開悟最有效的一條門路，因為你與別人連結的方式正是你與自己的連結方式，外在有衝突與不和諧是因為我們的內在仍有暗影，合一必須從跟自己合一開始，愛從自己開始，只有去經驗自己並從而發現了對自己無條件的愛，我們自然會愛別人，並且允許別人表達他自己，關係的療癒是我們開悟的保證，因為神在你的母親裏面、神在你的父親裏面、神在你的伴侶裏面、神在你的孩子裏面……，愛他們就是愛你的內在大我，如果你在關係中充滿痛苦的掙扎，那麼你對生命的體驗就是扭曲不良的，心沒有就序位，自我就不會開花。

阿瑪說：「**愛從自己開始。**」一個沒有愛的自己，他感知外界的方式一定會投影成：「都沒有人愛我」、「大家都不喜歡我」，那麼也就不會擴展他的意識，不會與萬物有連結感，更別說與萬有合一了，所謂「愛自己」是接納所有所是的，是對生命說「是」，許多人對「愛自己」缺乏真正的了解，愛自己不是放縱自己，更不是自私自利，愛自己是當面對衝突、挫折與挑戰時，能反觀自照，審視自己的起心動念，因為深深的看見了自己，所以諒解自己、愛自己，愛自己的人，不怨天，不把責任推到別人身上，能經驗他人，從而理解他人，寬恕他人，同時又不苛責自己，批判是小我最愛玩的把戲之一，也最會製造因果，一個愛批判的人，絕對是一個不愛自己的人，你所批評的不過是內在仍有抗拒與否認的那個自己，愛自己的人是沒有我執的人。

所以不要問有沒有人愛你，而要問的是：「你愛你自己嗎？」除了覺醒者，我們每個人的內在都有一個想要變得更好的追尋者，從小到大，總是有人不斷的在你耳邊說你應該要如何如何，這使我們在很深的內在不能接受自己、不愛自己，巴關說：「這樣的掙扎已經在人類頭腦中持續了數千年的時間。」因此「應該成為……的人」已在人類的頭腦裏形成了一個很強大的習性，要非常覺知。

愛自己的正面，也愛自己的負面，你無法在壓抑那個負面、厭惡那個負面、排斥那個負面、批評那個負面之中轉變這些負面的思想與情緒，因為當你說：「我不該嫉妒、不該憤怒、不該任性、不該沮喪、不該……」時，**那個不該的態度才是需要被治癒的**，當你治癒了這樣的態度與觀點，那些嫉妒、憤怒、任性、沮喪也就不復存在，也就是說這些負面的思想情緒是因為你有一個觀點認為它們不對才存在的。愛自己是通往開悟的門戶，只有在愛的振動裏，它們自動的消失了，在全然的接納自己、歡迎自己與愛自己的裏頭，你才有足夠的能量自動作出正面的自我表達，負面的模式是自動消失的，並不是抱著對治你的負面思想、負面表達的道途來，認為需要對治的本身就是你不愛自己的證明，愛你所有的不完美，愛上巴關所說的那個內在都是垃圾坑的人。當你能經驗你的脆弱與負荷，你自動就會愛自己。

寶瓶世紀是在關係中修行的，如果你有三次破裂的關係，而你能向內看的話，這比你在深山中閉關好幾年還要有進展，每一份好的壞的關係都可以用來深入了解自己，在每一份關係的衝突與危機中，我們只能更看見自己，與他人無關，因為並不是他人造成我們痛苦的，而是我們內在本來就紮了根的分裂面向，使我們的經驗方式出了錯誤，如何在內在經驗他人才是關係問題的根源，透過關係去看見仍有需要被看見、被療癒的面向，關係是幫助自己覺醒非常有效的工具，一份健康和諧的關係才足以使小我消失。

附錄一——
阿瑪教導：愛的缺乏是一切問題的根源

生命中的每一分努力都只是對愛的抓取與渴求。在小的時候，人們希望某個人只愛他一個人，對於愛的渴求沒有被滿足，長大了以後就會不斷的去抓取與填補這份愛，生命變成了漫長的等待過程，在老師的身上尋找，然後是伴侶，然後是小孩……，我們所認為的愛不過是對愛的渴求，因此最終總是以不滿、挫敗與憤怒收場。

每個人的內在都是虛無荒涼的，為了解決這個虛無與荒涼，人們利用關係，因為這個不足，我們想一直有被愛的感覺，所以佔有對方，但愛從來不是佔有，當佔有發生時，我們就會恐懼失去，這份恐懼，摧毀了所有人的自由，人們聲稱這種恐懼叫愛，然而真相是人們的內在沒有愛，人們不愛自己，愛成了種用來滿足自己的手段。

所有的愛只能從自己開始，要了解，你只能從你與自己的連結方式與他人連結，如果一個人責怪、批判自己的思想、言語、行為，那麼他也一定會如此譴責別人，如果一個人會被自己的缺點擾亂，那麼他也一定會被別人的缺點擾亂，當一個人不再與自己對抗，能接受自己的如實如是，那麼他就會愛上自己，與自己的內在和解的人，就會開始與世界和解，他會發現愛是全宇宙、全人類的本質。

停止跟自己的爭戰吧！

附錄二—

巴關教導：學習去經驗他人，而非了解他人

人類關係上的問題不只是丈夫與妻子之間的關係而已，而是任何關係，只要我們試著要去了解彼此那才是問題。很明顯的你無法了解任何人，理由很簡單，因為根本沒有一個人在那裏，如果有人在那裏你可以試著了解他，但問題是根本沒有一個人在那裏，所發生的是萬事萬物無時無刻都在改變，如果它一直在改變，你如何了解它呢？因為很多因素是時時刻刻在影響與創造人們的：他的過去世發生什麼事、子宮內發生的情形、他的制約、他的童年非邏輯性決定……，這些事情都作用在一個人身上，這個人每一刻都在生生滅滅，所以你如何可以了解一個人？那是不可能的，沒有什麼事需要去了解，處理關係最好的方式是去經驗他人，經驗他的改變，這一刻他很平和，下一刻他變得很暴力，下一刻又變得善解人意、和藹可親，下一刻他或她在說謊，這個人持續不斷的在改變，經驗發生在他人身上的事情，就像你在看一齣電影，你享受那齣電影，你要學會經驗人們的藝術，我們失去了這項藝術，不要管別人，我們不斷的試著想要了解、了解、了解，想要了解別人就像是剝洋蔥，到最後什麼都沒有，當你看見了試著去了解他

人的無效性，你自動會停止去了解，一旦你學會經驗他人的藝術，那麼不管你的先生、太太是誰，都不重要，剩下的只有喜悅、喜悅、還是喜悅。

~ Sri Bhagavan

第六章

投射—你所看到的只能是自己

每一個未被接受的面向，每一個被你抗拒與壓抑的部份，都形成了一個投影點，使你批判別人、憎惡別人，所以當你想批判別人時，那個需要療癒的人其實是你，別人只是一面鏡子，照映出仍有分裂與抗拒的自己。

第六章　投射──你所看到的只能是自己

上次去印度合一大學有好多好多的老人，看上去大概都有七、八十歲的樣子，我好喜歡看著他們，尤其是其中一位高高瘦瘦戴著眼鏡又滿頭白髮的老人，上課看著他，下課吃飯也跟蹤他企圖與他同桌，因為在課程中，我知道所有的言語與行為背後都有一個小我。

我突然想起自己從很小很小的時候就喜歡盯著老人看，尤其是男性的老人，看著他們時都會有一股憐憫之情升起，想好好憐惜他們、疼他們，長久以來，因為這個行為反應特質，我如此的看待我自己：我是一個心滿軟的人、悲天憫人的人、有愛的人……，然而，實相永遠不是頭腦告訴你的那一個。

那是父親。

父親的投影

我想起遙遠的孩童時期與求學的青少年階段，我的成績並不是很好，常得不到師長與父母、同學的肯定，記得爸爸有一次拿著我的成績單問我：「考這樣是怎麼回事啊？」他並沒有嚴厲的責罵，我卻哭到說不出話來。

在還年幼的日子裏，我就知道父親比別人的父親還要年長許多，於是從小心靈裏就有很大的分離恐懼，所以總是想要取悅他、孝順他，從小，我是多麼的想討好父親、讓父親以我為榮，他常向他的朋友們炫耀他的子女有成就、學歷高，所以我也學會去彰顯我自己，好讓他可以以我炫耀他自己，而這樣我可以得到爸爸的肯定、認同、愛之外，也能使父親高興，但是學業成就就是怎麼努力也沒有什麼起色，我努力念書不是為了我自己，而是為了想讓父親可以去炫耀、可以快樂，而最終是一個女兒想得到父親的讚賞與滿滿的愛。

記得苦悶的高三生活，我不斷的向上天祈禱，祈禱詞就是：「神啊！請讓我考上國立大學，好讓父親高興，我想好好孝敬他，讓他以後有好日子過……」當然，這樣的願望是不會實現的，因為我的能量都耗在抓取愛與擔憂上了，當時腦袋隨時都充斥著：

「我要趕快長大、趕快就業、為什麼時間過得這麼慢……」的焦慮，彷彿隨時會失去一般，心中無時不刻的隱約擔憂著，想趕快能養父母，攜帶這樣的無意識恐懼一直到大學、到研究所，每日每夜的祈禱仍在繼續著，不知從幾何時，我陷入自己的失戀哀傷中，然後結婚生子，又陷入新手媽媽的焦慮中，總之，這些沒被處理好的情緒，讓我沒辦法看到其他人，我看不見父親、看不見母親、看不見先生、看不見小孩，我無法與任何一個人連結，於是，等我真的有能力的時候，我卻忘了數十年的承諾與期盼，我忘了好好去孝順他、體貼他，我無意中忽略了他、冷落了他，連他走時都讓他如此的寂寞，直到失去他，我才驚覺我有多麼巨大的虧欠感、罪疚感，那些看著老人的複雜心情都是我對父親虧欠感的投影，也攜帶了許多的想念，所以實相是對父親的虧欠感、罪疚感的投射，想要能夠以憐憫老人家們來作為一種心理補償，頭腦卻自以為這樣的起心動念叫作慈悲，我們對於實相都有我們自己的明白，而事實是我們什麼都不懂，就因為心智頭腦只想讓你看到它所認定的事實，於是其它的你都看不見，因為我們不敢去看那個苦。

以後我再看見老人，心裏仍會很習性的升起某幾種複雜的情感，但我現在很清楚的知道那是父親，不會再被心智頭腦騙去壯大自己虛幻的自我形象，我敬重這些命運，這些模式讓我知道父親仍活在我心裏：喜歡看著老人家、喜歡把一些小小的成就，誇大的很有一回事的與家人分享，但現在，這些模式已不再被拿來作小我存在的食物，去壯大虛幻的自我感了，我知道那是投射，我知道我只是渴求被關愛、被認同而已，我知道那是父親！那是父親！那是父親！

「投射」、「投影」！這個詞實在太棒了，因為這些探索，我開始對這兩個字有更深刻的明白。我們的心識就像是一個膠捲，不斷的往外在螢幕放映(投射)自己的人生電影，從前我的眼光與焦點在這部電影的情節並忙於解決其中的問題，如今我的眼光與焦點在這部膠捲上並覺察裏頭的狀態，難怪巴關說：「**意識到意識的本身就是創造。**」也因此我也更清楚知道下面這些這些句子真的都是真的：「**外在世界只是內在心識的倒影**」、「**你創造你自己的實相**」……。

我們在別人身上看到的只能是自己，自己的影子！

你討厭的只是自己

所以你討厭的人、批判的人只是告訴你，你尚有未接受的面向、還有抗拒的面向，你的憎恨與批判顯示的不過是你與你分裂的部份而已，你不能接受這樣的自己，於是就把它投射出去，拿著同樣的標準再去檢視別人，這樣就不必面對自己，畢竟找個對象與藉口投出去是比較簡單的，因為那個投影點常是自己內在有一個古老陳年的舊傷被撩撥了起來，而自欺欺人、自求安適是人之常情，你輕易的找到了一個可以怪罪的人。所以，你如何批判別人就是你如何批判自己，你如何處罰別人就是你如何處罰自己。

總之，問題不在外在放映什麼，問題在這部膠捲上，問題在你的心識，還是那句話：「一切的實相只關於你自己！跟別人沒有關係。」

在印度合一大學的校園裡有一陣子有一些流浪狗，指導老師們貼出告示要學員不要餵養，有一位西方的學員覺得流浪狗全身都是皮膚病了，很可憐，她因此覺得指導老師很殘忍，所以她決定偷偷的從餐廳拿一些餅皮、麵包之類的東西出來餵狗，她甚至還以此為榮，認為自己很有慈悲心腸，這位小姐也在課程中知道了每個行為的背後都有一個自我，她很深很深的去傾聽自己內在為何會想塑造一個慈悲的形象，她發現浮現出來的是小時候父、母親的離異。那時妹妹跟了爸爸，而她則跟了媽媽，然而她跟爸爸的感情比較好，所以她從小就很嫉妒妹妹，只要一找到機會她就會在言行舉止之間欺負妹妹，時光慢慢流逝，姐妹兩人已形同陌路，長大後她覺得很內疚、遺憾，她打電話給她的妹妹，妹妹已經不想理她這個姐姐了，她的內疚與自責透過餵狗來補償，她以為她餵狗是出於慈悲，事實上是出於罪惡感，她發現之後，一回國就打電話給妹妹說出這些心事，請求原諒，當自己轉化，真心的表達抱歉，對方自然就轉變了，現在她們像是很好的朋友一樣，常一起去看電影、逛街、吃飯。

還記得，不知從何時開始，我只要看到學校裏的某位同事就心生討厭，討厭她的自以為是與趾高氣昂，雖然一開始我頭腦也是知道那是我的問題，但我並不想承認，我覺得就是她的問題，漸漸地，她說的每一句話開始都變得刺耳起來，所以我更相信是她有問題了，問題絕不是我的內在如何又如何的，而且很多人都在批評她，怎麼可能是我的問題呢？於是習性的力量帶著我繼續討厭她，我不想去理會心裏的不舒服，但是當我的內在沒有處理好，問題就是會一直顯現，生命是不會就此放過我的，我對她的討厭與日俱增，甚至她只是在跟別人說話而已，我都覺得不舒服，終於，我們有了一個小磨擦，逼的我只好聆聽內在到底發生了什麼事。

透過反觀自照，我看到的仍舊是父親，為了討好他、為了得到他的愛與讚美，父親面前的我喜歡彰顯自己，然而，小學六年有好幾年都當選模範生的我是不允許自己那樣彰顯自己的，我們那個年代的模範生是不大表達意見的、與人為善的、隨和的、謙虛的、自閉的，於是張揚自己一直是在我的內在被排拒的，所以我不過是投射出我不能接納的那一個面向的自己而已，我看到的是自己而已！我的厭惡與批判只是告訴我內在還有分裂的、尚未接納的、抗拒的部份。

在社會的制約或師長的教誨下，我們開始學會應該、不應該；對與錯等二元性，於是我們開始在很深的內在批判自己，覺得自己不夠好，我們想要「變成」另一種所謂理想的人格以得到別人的認同與讚賞，在「應該的自己」與「如實如是的自己」之間受苦，當我們的內在有某個部份被我們拒絕了，我們就是跟自己先分裂了，於是帶著這樣的濾鏡，我們也同樣如此檢視別人，下一步，我們就跟別人分裂，我們不能如實的經驗其他人。一切只是自己，沒有外面那個人。

每個特質的背後都有一段傷心的故事，當我經驗了那個charge，就只會深深的憐憫自己、愛自己而已，自然的不會再去批判。我不需要去和我的同事溝通，我只須要經驗我自己，更愛自己，我的內在很自然的對我的同事有種深深的抱歉與接納，抱歉的是她是我的救星，我卻誤以為她是個令人討厭的人，然後覺得那個特質其實可愛的不得了，神奇的是，當我接納自己、愛自己所謂的負面時，那位同事在我眼裏竟然變了個人，我覺得她變得和藹可親、謙和友善，而這是自動發生的，不是從改變他人開始，當你愛自己時，神奇的是，一切都將被轉化。

距離父親離開人世已經六年了，父親仍然活在我對生活的對應模式裏，我仍然常常想起他，然而我與父親的連結方式不再是罪疚感的，而是充滿敬重與感激的，直到失去他，我才看見我的恐懼與執著，也終於看到我才是那個需要探索的人，而我的父親因為深愛著我而擔任了這個角色，他告訴我我的內在有那麼大的分離恐懼與渴求，這個痛我花了好幾年才看清楚其中神的愛與巨大的祝福。

「小我」就是一塊最大的濾鏡

一切都是「自我」，而「自我」這個濾鏡讓我看到的世界都是自己內在扭曲變形而且分裂的投影，一切的外境都透過大腦這有色的濾鏡而染色，染上「小我」的塵埃，頭腦必須要維護小我自身的生存，巴關說頭腦是一個商人，如何對自我有利就如何作，所以頭腦必須靠投射才能存在。

我的一位大學的同學，從小就是個很孤單的人，她一出世，父母就把她送給了遠房親戚，然後好不容易覓得良緣，年紀輕輕的她又喪偶，被朋友遠遠的躲著，認為寡婦是掃把星，所以她有很深的被遺棄感，因此她渴求有知心的好友，而且她認為知心的好友就是要能為對方兩肋插刀；然而，她的朋友並不是能為對方兩肋插刀的這種類型，事與願違，這就是一直讓她受苦的模式與信念，當然，信念與觀點來自於一個未能完整經驗的情緒。

帶著這樣的觀點，她每次看到有一群的好朋友聚在一起時就投射出她的傷口，她沒有任何理由的就不喜歡人們，還會捕風捉影說她們如何不能認同她，所以巴關說：「**不要管有沒有人愛妳，重點是，妳愛自己嗎？**」在很深的內在，那個痛使她抗拒孤單，她還為孤單命名，內在沒有愛，投射出沒有人愛她的幻境。

又或者，小時候媽媽罵你，你因為沒有完全體驗那個情緒負荷(charge)，因此產生了「我媽不愛我」的觀點，是這個觀點使你受苦，觀點來自於charge，於是每當有人罵你時，你就憤怒的回擊，你還到處去訴說某某人的可惡，其實，這個時刻你只要向內看，你就會看到一個受傷的、痛苦的情緒，然後問：「為何這會使我感到受傷？我的內在有何問題？」若想從心理的受苦解脫，你只能從內在的charge下工夫，因為使你痛苦的是它。

也許你可以將那些內在被打擾的時刻，看作是內在受傷小孩對你的呼救，呼求你愛他、珍視他，你彷彿是那個內在小孩的父母一般，不帶任何批判與想法的傾聽他、療癒他，而不是成為了他。

每個人都是透過濾鏡在經驗這個世界，而小我是最大的濾鏡，小我多來自於

charges，所以小我必須靠投影來謀求自身的生存，投出去好讓自己可以逃避真相，好讓自己被注意、被愛。一切都是自己的投影，你是綠色的濾鏡，所見的世界就是綠色的，你是藍色的濾鏡，所見的世界就是藍色的，所以除了看見你自己，你也看不到其它的了。透過濾鏡、charges，我們就活在自己編造的虛幻故事中，活在自己對生命錯誤的詮釋裏，活在錯誤的感知中，看不到事實的真相，不能如實如是的經驗，苦難於焉開始。

穿越你投影出的問題表象，來到源頭，也就是我們的內在，不是外在有什麼問題，而是我們的內在有問題，痛苦不是他人造成的，而是內在尚有未療癒的痛，是那個charge被撩撥、被觸動了，當這個charge被碰觸，它所伴隨的信念就自動的在頭腦裏頭進行早已固著的神經網絡的連結，各種負面的思想情緒就跟著出來了，所以，請記得，當我們有厭惡的人，當我們在別人身上找到什麼錯誤時，那個需要改正、需要療癒的其實是自己，因為你不愛自己。(詳見附錄)

我們會成為我們所想的，我們會成為我們所是的，我們的世界就是我們的限制、期待、恐懼、信念等的外顯，讓我們深深的由外在的人事問題中去看見自己是誰，收回投射，當你能以這樣的方式觀看自己時，你也會以同樣的方式觀看別人，面對他人的批判時，你能知道他人只是在回應他們內在的衝突而已，不會隨他人的無意識模式起舞。為一切負起責任吧！別人只是一面鏡子，照映出還有抗拒與分裂的自己、還有不能面對的陰影，那個需要療癒的只是我們自己。巴關：「**從自己的身上看見別人，從別人身上看見自己。**」

附錄—
巴關教導：當你在別人身上找到錯誤時，那個需要療癒的人其實是你

你會對別人做的事，只能是你會對自己做的。對此靜心默想，你會發現，你如何在內在活出你自己的方式，就是你如何回應別人的方式。如果你不管是在想法上或行為上責怪自己、批判自己，那麼你也絕對會如此的去對待別人，如果你對你的缺點、短處感到沮喪、困擾，你也會對別人那樣的缺點感到困擾，你內在分裂的部份必須得到療癒與無條件的接納，只有當你愛自己如實的樣子，接受自己如實的樣子，才能與別人和平相處，進而與世界和平相處。記得，要愛你的鄰居，你首先要先愛你自己。

~Sri Bhagavan

第七章

「去我執」是一個容易被誤解的詞

你無法在嫌惡「我執」的狀態下讓小我消失，「去我執」的意思並不是要對治「我執」，因為要「去」這個「我執」的就是你的「我執」，那是頭腦的把戲。

第七章 「去我執」是一個容易被誤解的詞

各種不同法門的靈修，多半指向「去我執」，佛家說要「破我見」、「破我執」，奧修說：「no mind」，乃至於新時代的種種途徑也常看到以「小我的死亡」譬喻覺醒，然而，如果你又掉入頭腦一直想成為某種人(becoming self)的強大習性裏，望文生義的認為「去我執」指的是不要有心智頭腦，或者認為「我執」是不好的東西，要與「我執」進行抗爭、壓抑「我執」、嫌惡「我執」，於是苦修禁欲、列出十誡、二十誡、不准這樣、不准那樣……，這個對治的本身亦是小我，那就又掉進頭腦的陷阱裏了，正中小我下懷。

不需對治你的「我執」

弄錯了這個法，靈修的旅程將會變得愈來愈不快樂，而且離真理愈來愈遠，因為自我總是要表達的，你的「去」會讓你的「我執」因此而更加壯大，因為要「去」我執的，正是你的我執，是頭腦的陷阱，對治「我執」是無效的努力，愛因斯坦曾說：「一個問題不能由創造問題的那個意識狀態去解決它。」

「去我執」的意思並不是要去對治你的「我執」，而是要去看到我活在頭腦裏才產生的執著，頭腦裏只有過去種種的經歷，而且多半是子宮時期、童年時期的經驗，及在經驗事件時所建立的信念與自我感，信念只是信念而已，那是死的，然而頭腦使我們活在過去，它將一切的經驗透過頭腦這濾鏡投向此刻，扭曲了真實。我們的現在與未來全都來自過去的投射，頭腦的本質就不可能在當下，而這就形成了「我執」。

因此，要覺醒必須先覺知到無意識中的這些信念，深深的走入內在，在這些信念中你如何建立自我感，我們需先看到小我所有的技倆，要看到他的技倆前，我們需先看到所有的charges，也就是生命最原始的坑洞，因為這些charges就是頭腦無意識行為模式與把戲的根源，而要看到所有的黑點點，我們需要將焦點往內、將覺知之光打亮才看的看，當你看到，就會知道自己對於自己的認識都是虛幻不實的，然後接受它、愛上它，然後每一個黑點點都看到都接受了，下一步，你就消失了，巴關說當你夠深入的看向你自己，由於觀看方式變了，小我就消失了，或者說合一了，所以，「去我執」不是去對小我趕盡殺絕，不須向它宣戰，而是透過全然的看見與接受，是接受中自有的轉化，而不是有一個目標去追尋、去努力，一切只是去學會看見的藝術，沒有別的了，因為追尋與努力的本身就是不接受的證明。

使我們痛苦的是「我執」，能使我們解脫與自由的也是「我執」，透過看見你的「我執」，接納你的「我執」，你就不再是那個「我執」。

靈性我執

靈修的人謊言更大也更多了，更需要時時覺知，因為靈性中的小我技倆更高竿了，他常常是瞻之在前，忽焉在後的，「內在誠信」就能逮到他。

記得合一大學的指導老師講過這麼一個關於無意識與習性的故事：

有一個守衛負責在瑞士和奧地利的交界處巡守。有一天來了一個奧地利人，他騎著腳踏車要通過崗哨，他的腳踏車前面裝了滿滿一籃沙子，要是換做別的守衛，大概揮揮手就放他過去，但是碰到這位守衛可沒那麼簡單。

他直覺奧地利人一定在走私，於是拿出一把耙子，仔細翻檢沙子裡究竟藏了什麼東西，可是他翻了老半天，什麼也沒找到，只好揮揮手放他過去。

第二天，同樣的事情又發生一遍，第三天也是，日復一日，相同情節一再上演，始終找不到任何東西，但他就這樣翻查了三十年。

最後，這位守衛終於忍不住問那位奧地利人：「這件事放在我心上好多年了，不過我今天就要退休了，要是我不知道答案，一定會很懊惱，希望你能告訴我答案。」奧地利人這麼多年來和他接觸，也和他有些感情，於是誠懇的點頭說一定會誠實回答。於是守衛開口問：「這些年來我一直懷疑你走私，你到底是不是走私客？」

奧地利人遲疑了一下，「好吧！我的確是走私客。」守衛說：「我就說吧！可是我天天檢查你的籃子，卻什麼也沒發現，你到底走私什麼東西？」「……腳踏車。」

走私了三十年的腳踏車就像是最不容易察覺的靈性我執，如果你靈修了三十年，都沒看見你正在走私(認同與執著)，那麼你的靈性是沒有成長的。

第一種較容易覺察的靈性小我面向即是：我在靈修喔！我跟你們不一樣，於是不自覺的有了一個靈修者的形象，不管那是高尚的、和藹的、慈悲的、清廉的、樸素的、謙卑的……，都不是真的，你真的如此嗎？你真的時時刻刻都這樣嗎？這些都是被認同出來的而已，你給自己一個靈性的形象，並且還為了這個形象，不斷的偽裝、不斷的說謊、不斷的失去「內在誠信」，認同愈來愈固著，到後來你還真以為自己是這樣呢！

《陰影也是一種力量》(The Secret of Shadow)的作者黛比•福特就曾舉過一個自己的例子。有一回在她的課堂中，有個女學生叫阿蘭，她是個黑人，不知道為什麼，黛比跟她特別地互看不對眼。有一次黛比受不了了，就去問另一位學生蘇珊：「為什麼阿蘭不喜歡我？」蘇珊說：「黛比，妳不要太在意，因為阿蘭是個種族歧視者。」黛比反省自己，她確定自己不是一個種族歧視者，因為黛比從小就深受民權鬥士的父親所影響，所以從小她就有許多黑人的朋友，而且黛比會熱心的幫助那些黑人朋友；然而，那個晚上黛比要入睡時，內在有一個聲音在自問自答：「阿蘭第一次站起來給妳難堪時，妳是怎麼想呢？」突然，黛比聽到自己的內在在說：「妳這個愚蠢的黑賤鬼！」這一刻，黛比不得不面對自己內心深處身為白種人的優越感，而這個事實是她難以接受的、痛苦的，因為她認同了一個靈性導師的形象。

身為白人的身份認同是非常強大的，從小到大整個社會、教育的集體制約都在形塑這個錯誤的身份，後來她踏上靈性的道路，小我改以認同種族平等這個信念，因為那樣才表示高尚。這些對對錯錯的信念都只是一個信念而已，是小我用來企圖變成某種人的一種編造，以達成一種身份優越的認同。

小我，也就是頭腦，只能接受自己是獨特的、重要的、不同的、與別人分離的，連在靈性的領域裏都想要證明自己層次比別人更高，把開悟當成是一種成就在追尋，就連站到了天堂的門口都還想要得到別人的一個掌聲，這就是自我存在的方式，自我必須靠說謊來維持自身的生存。但事實上走進內在的人，覺醒的人，已經沒有一個「我」需要靠任何成就去證明他自身的存在了。

絕大部份的說謊都是為了有一個自我形象要維護開始的。

想變得更好的自我(Becoming self) 是人類千年來的強大習性，在我們很小的時候，我們就知道好的、不好的；應該的、不應該的，為了要贏得認同與讚賞，我們想要「成為」理想的人，而靈修的我們，總想要變成那個更神聖的存在，當我們看了更多書，上了很多課後，我們除了自認為自己與那些凡夫俗子不同之外，我們其實只會更不喜歡自己了，當你說：「我為什麼還是這副樣子」、「我要如何免於嫉妒」……時，這就是你不接納自己的最佳證明，要不然就是不斷的說謊與偽裝，總之，你不是批判自己，就是對自己不真誠，當你帶著你的becoming self走上靈性道途時，你的靈修就只會帶給你痛苦，如巴關所言：「一個不快樂的人，只能帶給別人不快樂。」當你說：「我怎麼還是這樣？」你同樣也會拿著同樣一把量尺說別人：「她不是在靈修嗎？啊怎麼還是這樣！」分裂總是從與自己分裂開始的。

靈修到頭來若你說出：「啊！我怎麼還是這樣！」那你就是修錯了，靈修是要讓你說出：「哇！原來我是這樣喔！」轉化永遠從接納而來，轉化永遠從看到你現在在哪裏而來，轉化絕不從努力追尋它而來，追尋與努力的本身就是不接受的證明，接納真實的自我、擁抱這個充滿負面思想的自我，當你能看見這些面向並且深深的愛上它們，這當中就有轉化的力量，換句話說，轉化必須是自動發生的。

或者你有一些靈通，你可以穿越前世，你可以看見氣場，你有他心通，你有強大的療癒力量……，若對這些虛假的力量認同，就又是形成了靈性我執，更甚者，還以此為自己已經覺醒的證明呢！事實上，神通和靈性了悟是兩碼子事。

又或者你覺得凡塵俗世對你毫無意義，你覺得自己與眾不同而感到孤單，沒有人能了解你的孤單，你的靈修成為你抓取認同的工具了。

小心你的使命與貢獻

另一個靈性小我就更狡滑了，覺知之光必須再打亮一點。許多的教導最後總是希望我們能貢獻與成長，你被付與使命，這些交託如果你無意識的話又將成為餵養你小我的食物了。小我說：「喔！我是被神揀選的人」、「我去過印度合一大學，所以我的deeksha很強」、「我去過N次印度，所以我比那些只去過一次的意識更高」、「我是救世主」、「這是我的使命」……，如果你有這樣想過，就又掉到頭腦的陷阱裏了。

我們來到這顆星球的目的並不是要來普渡眾生或來當救世主的，我們來到這顆星球最重要的任務是發現愛及與神連結，簡單的來說，我們來到這裏是為了療癒自己，讓自己醒過來，這才是我們最大的責任、使命與貢獻。

所以靈修的人更會說謊了，而且這個謊言更大，作為一個靈性的追尋者，常會對這樣的自我塑造一個靈修的形象，認為自己應該可以擺脫所有的困擾，如果不夠自在與超然，就譴責自己不夠好，這仍然是來自小我，那個完美主義、批判、苛求、判斷與想要變成更好的人，當這個狀態發生時，覺知一下就會知道自己尚未能接納自己、愛自己，那個覺得自己仍然不夠好的心識才是需要治癒的。

我們在根本上就不可能與別人分開，我們跟別人沒有不同，我們的思想、情緒、痛苦甚至身體都是緊緊相連的，我們是一體的，然而在我們還沒有開悟之前，我們有著自我存在的巨大幻覺，我們的一言一舉一動都是自我中心的，如果我們的意圖是自私的，那就不要說成是幫助別人，對自己誠實，看出小我為了自身利益作出的種種努力吧！當你帶著一份了悟與慈悲辨識出小我來時，你真的會笑！不是嘲笑，而是一種明白，然後帶著這樣的明白讓它這樣表達吧！當你會笑納他時，在你與他之間已經有了很大的空間，不會認同於他了。

敢於去受苦的才是老師

有一陣子陸陸續續不停的在工作坊裏開「合一覺醒課」，加上自己本來就有工作，我開始抱怨開課的密集令我疲累，但有一份覺知總像光一樣，而且還是自動照明設備，自動的照鑑出內在的污點。雖然我是真的覺得身體疲累，但背地裏是小我想讓別人知道：「你們看！我多紅啊！」這種看見與辨識每次都讓我笑了出來，因為小我總是想壯大他自己來證明自己的存在。大概是小時候缺乏被讚美與認可吧！內在那個匱乏感使小我總想要抓取別人的尊崇、肯定與讚賞，以前這樣的看見使我害羞、掙扎與痛苦，我批評自己不該如此，因為小時候年年當選模範生的我對謙虛、低調是有很大的認同的，但是現在，不同於以往的是，我不譴責他、批評他，我允許他這樣，我理解他，我接受他，那樣沒有任何問題，似乎是一個旁觀者一樣，觀看著小我的電影，觀看著頭腦分裂的本質，也彷彿是一位母親，看著自己的孩子時充滿了疼愛，當我不再認同小我時，內在自然就不會苛求，所以自然的就放下了，也真正的理解了巴關說的「**內容從來都不重要！**」「**內在誠信就是看見那裡有什麼。不去評斷它為好的或壞的，正確的或錯誤的！**」因為這是全人類的頭腦，是全人類的集體意識內容，這使我更加的有意識於坐在那個拿著麥克風的位置，如果我坐在那個位置上卻不自覺的壯大了小我，還口口聲聲講著「我」必須消失等等的教導，這會不會太好玩了？

上這個課程的學員正是我自己而已。

老師不是那些以搜集學生來作為小我表演的人，老師也不是那些只會靜心冥想、熟悉教導、會傳福音、傳法的人，老師更不是待在工作坊裏頭帶課來逃避自己的人；老師是勇於去受苦的人、老師是敢轉過頭來面對老虎(苦難)並給老虎吃掉的人，透過你的受苦與轉化，淨化與提升，然後透過集體潛意識流入全世界人類同胞裏面，這才是真正的佈施、這才是真正的老師。

我發現在靈性的工作坊裏總是充滿愛、慈悲、寧靜、平和、喜悅與臨在，我很喜歡這樣的分享，也喜歡看見學員們的轉化，更喜歡自己為巴關、阿瑪服務這樣的想法，然而真正的靜心與修行並不在工作坊裏頭，真正的靜心與修行在生活中、在生命中，「內在誠信」讓生活成為一種帶有靜心品質的覺知，而真正的為神服務，是成為自己，要成為自己，而不是成為頭腦，你就必須敢於去受苦，唯有學會受苦的藝術才能看見苦是一個幻象。

教導只存在於你的裏面，只有從你的內在去發現這個教導，這個教導才是你的，真理必須被你體驗了才是真理，否則當你念了許多巴關給出的教導，這個教導對你來說也只是停留在頭腦的一個概念而已，當你的頭腦充斥了許許多多的靈性概念，不僅你到不了任何地方，而且這些概念讓你有更大的小我了：你也許拿著教導跟他人辯論、你也許拿著教導糾正別人、你也許在教別人這些教導時覺得自己怎麼那麼有學問……，更可悲的是，這些你全看不見，因為你打著分享、使命與貢獻的大旗，因為你的眼睛沒有看向你自己，只看著在外面的那些教導。

沒有體驗的教導都是蒼白的，甚至是危險的。

去看見只要還有「我」存在，一切就都是自我中心的，小我卻自欺欺人的以靈性作包裝，你的本身就是教導，你就是你自己的大師，你必須看進你自己，教導必須來自你內在的知見，只有去看向自己、看見自己內在有什麼在發生的，就是老師。

用你的眼淚，灌溉祂的心。

花開了才會謝—健全的自我才有辦法消失

當你看到這些頭腦裏的內容物，帶著一份明白，明白這是全人類的頭腦，巴關說：「頭腦只有一個。不是你的頭腦，或我的頭腦，而是人類的頭腦。」所以我們怎麼可能「no」 mind呢？奧修的意思一樣是以一種深深的接受來放下它。看見，然後不批判、不譴責自己、不分析也不抗拒，深深的承認與允許，頭腦就會慢慢的安靜下來。

覺知「我執」、承認「我執」、憐憫「我執」、允許「我執」，這才是「去我執」與「no mind」的道途。

當我們還有自我時，自我中心並沒有錯，餓了就想吃，不是嗎？他害怕消失、他害怕「忘了我是誰」、他害怕被遺忘，所以不擇手段的誘惑你、欺騙你、干擾你與測試你來抗拒你的進入當下之旅，他的處境的確堪憐，請不要抗拒他的存在，是人就有自我中心，當自我被否定、壓抑，就會有負面情緒，而且自我會想其它辦法來滿足自我，自我必須表達出他自己，但由於集體的制約使我們不能自在的表達自我，因為我們區分出好的自我表達與差的自我表達，當自我被否定，就會走向毀滅，當基本需求未被滿足，就會不擇手段的去抓取，這時的自我表達就會有破壞性。作用力會產生反作用力。

全然的接納這個自我、全然的包容這個自我，他要表達他自己，去看到並接納就好，不要對他趕盡殺絕。自我被譴責就不會開花，不會開花的也就別想凋謝(自我的消失)。快樂的去表達自己，自我的表達如果是建設性的就給他，要建設性的表達自我，例如：努力工作求重要性並沒有不對，若大家因你的貢獻而得到助益，那不是很好嗎！但過份要求重要性，不擇手段才是問題，例如：用生病來抓取重要性。我們要作的就是覺察到那個表達。

然而我們不可能每一次都能完完全全的表達自我，當內在有需求不能被滿足時，那就要真實的去體驗那些無法表達時的受挫情緒，當情緒被徹底經驗過就能完全不留殘渣，若你不能充份的去經驗那份失落，那個殘渣就又會形成一個「我執」。

所以簡單的說要想「去我執」，就是永遠的對內在狀態真實、誠實。

No where to go,
nothing to do,
no goal to be completed.

套句覺醒者李耳納・傑克柏森的話：

覺醒之路
不是關於
你變成了誰
而是關於
那個不變的你是誰。

第八章 制約與認同——束縛我們的牢籠

自我只是制約與認同出來的概念而已，當我們卡在一個概念裏時，我們就是不自由的，看見束縛我們的牢籠，你將發現，「我」根本不存在。

第八章　制約與認同——束縛我們的牢籠

「內在誠信」的實修能幫助我們覺醒，這是為什麼呢？覺醒指的是頭腦的不在、「我」的不在，而只要「我」在，我們就會說謊，因為謊言就是要來支撐「我」存在的，我們對自己不真實，很多的時候，我們連自己都要欺瞞，甚至說謊不只是說謊而已，它還會深深的嵌入我們的內在，反過來形塑我們的個性或人格。透過「內在誠信」就能洞見「我」的存在只是認同出來的而已。

在說明我們因為「我」的存在而說謊前，讓我們先來看看「我」是如何出現的：

進入自我的兩個大門

一、生物學的自我

巴關說人類大概從十八個月開始，我們的感官就會加速，一個「我」存在的幻覺就會開始出現，就像以前拍電影用的膠捲，當它以每秒十六張的速度放映，就有了人在演戲的幻象，這個加速器就是我們的感官與頭腦，通過我們頭腦的這個加速器，「我」就存在了，頭腦也必須靠投射出一個「我」才能存在。

二、心理的自我

「我」一旦出現了，我們的整個一生就是為了這個「我」的生存而奮鬥著，我們的渴求、追逐、期待、慾望全都因為這個小我，我們證明這個自己、滋潤這個自己，當頭腦投射出一個形象，有一個自我形象要維護時，就會說謊，久之，這個謊言不斷堆積出來的「我」成為真實的存在，所以，事實上我們對自我的了解都是虛幻不實的，讓我們來看看投射出一個理想形象的背後是什麼？

記得有一位指導老師分享這十幾年來對於合一大學與巴關阿瑪願景的服務與推動，指導老師們是團隊工作的，然而她總是和團隊中的另一個伙伴有摩擦，但是她從未深入去看自己的內在的心結，她總是在見另一位指導老師以前，把自己各方面準備好，好讓關係至少維持表面的和諧、粉飾太平，然而這樣做，她發覺受傷害的只是她自己，不是別人，她覺得好辛苦、好累，而且她的內在沒有和平，她甚至想就放掉這段友誼關係，但生命不會就此放過她的，到了最後，她了解到她必須去面對她內在的心結(處理關係不在外在，而在內在)，她每次面對，看到的都是ego的戰爭，看誰比誰更優越，這既是

ego，就不是頭腦所能解決的，如果你想要除掉ego，那麼說這句話的正是ego。

她再深入去看，為何她會有比較的心態？答案是因為想維持好的形象。跟巴關阿瑪在一起工作的十二年裏，她不自覺的發展出好幾個自我形象：其一，她可以獨立面對生命中的各種挑戰；其二：她了解巴關、阿瑪的願景，且有能力幫助祂們完成；其三：她是一個領導者，什麼事都可以信靠她，家人也都以她的志業為榮。

自己成為祂們理想的一部份，她失去了自己，她和自己的其它部份沒有連結，這使她揀選朋友，她強出頭承擔所有的事情，忘記了還有其他團隊的組長存在，她只是要別人知道：她是一個優秀的領導者。她的意圖是自私的，卻自以為高尚，這是朋友幫助她看到的，她害怕面對這個事實，因為這樣她會死掉，這代表這十二年的形象瓦解，她害怕她的家人與朋友會如何認定她，表面上是團隊合作的，然而如此的她卻無法真正的服務巴關、阿瑪，所以她面對它，她到巴關、阿瑪的面前說出自己是一個不夠敏銳的人、是一個不友善的人，並且承認這樣的自己、接納這樣的自己。那麼久以來，她終於找到了平安，而且朋友對她的態度自然轉變，在朋友面前她很安適，不再有計劃。

有一個信徒跟指導老師去面見巴關，他跟巴關說：「我沒有地位。」巴關說：「你沒有地位，OK，那又怎樣？」「沒有地位表示我沒有貢獻。」「沒貢獻又怎樣！」「那麼我就是個沒有用的人。」「沒有用又怎樣！」「那就沒有人會愛我。」「沒人愛你那又怎樣！」「大家都拒絕我。」「那又怎樣！」……最後，他終於知道這些擔心與這些形象都是投射的結果，非事實。他的害怕只是投射，因為他認同的自我形象是能幹的，所以他不能接受自己無能，只要看見那個認同並說：「對！我沒貢獻任何東西！」就那麼簡單。結果，他有了內在的平安，有內在平安後他有了創造力，最後他成為最好的講師。唯有當你有自我形象要保護時才會害怕，我們投射友善、慈愛、能幹……，事實是我並不是如此，當你能接納真相，就沒有害怕。

有一個印度的女deeksha giver，她一直有一個負責、乖巧、孝順的女兒的自我形象，她很樂意媽媽搬來跟她一起住，她表現的一如她的外在形象。但事實上她擔心她媽媽會永遠的住下去，她擔心財務問題，也擔心失去自由，所以事實是她只看重自己的享樂與自由，她是自私的，卻躲在一個孝順乖巧的女兒的形象背後，然後被這個形象卡死而受苦。

理想形象的背後是什麼？害怕「我」的消失。

所以說謊只有一個原因：「我」存在。如果我們認同的自我形象是能幹的，那麼我們不能接受不符合這個形象的一切，我們因此害怕，但我們的害怕是在虛幻的自我形象中投射出來的無明而已，這是投射的結果，非事實。

存在的只是人格，裏面根本沒有人

我們都有很多人格在前前後後，例如我好了：在學生面前的我親和力十足、寬容、和善、慈悲、不容易發怒；卻對伴侶與小孩缺乏耐性而且易怒。在同事面前的我，隨和、好說話、愛耍寶；卻在我孩子老師的面前缺乏耐性、喜歡控制，有一個老大的形象；在父親面前的我：聽話、乖巧、孝順、不夠聰明；在母親面前的我：無俚頭、脫線、貼心。在先生面前的我：任性、頤指氣使的、什麼都我說的對。在靈性課程中拿著麥克風的我則是隨和、有愛又充滿智慧的樣子。而且，同樣是對學生，在不同的學生面前我也有不同的形象：在甲學生面前，我可能是學問淵博，是指導者的形象，但在乙同學面前，我可能是一個傻大姐，只會搞笑。同樣的，在同事之間，在不同的人面前，我自動的會有不同的人格在前前後後，這些人格生生滅滅不斷變化。一方面我是一個不太敢拒絕別人的人，爛好人只為遮掩脆弱的自己，怕別人不接納自己；另一方面我也是驕傲的人，只要別人糾正，我就想跟他爭辯，尤其是陌生人。那個霸道的與和藹的都是我，那個看起來充滿智慧與笨拙的都是我，那個悍然說不的與不敢說不的都是我，那個孝順的與不孝順的都是我……，如果我們無意識的認同於某一個形象，就會被這個形象卡死。

根本沒有一個人在那裏，有的只是我們多種的人格個性，你對這個充滿了善解人意，卻又對那個容易發脾氣，這兩者都是你，跟不同人相處，我們會有不同的人格樣貌，不同的人格之間不停的在消長。

在真我與假我之間的空隙我們就會用謊言來填補，我們用一個名義把自己貼死了，耗損了一堆能量來說謊，以維護理想自我的形象，因為頭腦會恐懼，它想求生存，所以會說謊就是因為我們未能完全接納我的每一個面向，我們努力維護形象卻仍舊得不到平靜，最後你不得不接納真相，放掉謊言，因為你已用盡力氣。

我們沒有持續而連貫的成長，我們有三歲的人格、八歲、十八歲、三十二歲……等的人格，我們以為我們有隨著年齡而成長，其實沒有。例如：爸爸小時候會以拉耳朵來處罰我們，也許我們長大後不喜歡別人拉我們的耳朵。小孩的我和成人的我互相在矛盾衝突，本來就沒有單純的人格，有時候我們看一部卡通的反應像個小孩子，不再有成年人該有的行為舉止。

2012大覺醒—內在誠信讓生活成為一個靜心

又譬如：舉辦party時，妳的老公是善解人意的第三十號人格，後來，妳老公的上司那個自以為是、老大心態的第四十五號人格打電話來罵妳先生的第三十號人格，之後，妳先生馬上升起自卑的第五十號人格，帶著第五十號人格的他開始對妳精心準備的晚餐不滿、抱怨，舉辦party是第三十號人格，被上司罵完後馬上就變成第五十號人格。那個對老闆的破口大罵頷首稱是的與對妳貼心的準備漫罵的都是妳的先生。

所以，當我們跟別人起爭執時，你真的是在跟那個人吵架嗎？只是我們裏面此刻的這個人格不喜歡你面前這位先生的這個人格，如此而已，只是裏面的人格在衝突，當有衝突發生時，只要了解這是兩種不同的人格在衝突而已，帶著這樣的覺知面對衝突，穿越人格表象去看見人格外衣下的真人，沒有外面這個人，看見不同層面的自我與人格，就是「內在誠信」。

當我們活在小我的自我形象中時，我們就是辛苦的、費能的。因為好形象是偽裝出來的、是認同出來的，只要你做過好事，你就認同自己有愛心、有慈悲心，但是你永遠如此嗎？你能把自己標誌成至高無上慈悲之人嗎？如果我們的意圖是自私的，那麼不管是幫助或傷害別人，都是自私的，我們的天性是每一秒、每一個剎那都在變，永遠不能用一個名義貼死自己，巴關說：「You are the process.」(意即你是永遠在變化的，You are changing.)，當你認同了一個形象，你下意識的會認為「我應該……」，這會使你內在充滿自我批判、自我折磨，當你因此而卡死在恐懼、自私、憤怒……的情緒中時，你無法真正的關心別人、連結別人，你完全執迷於自己虛幻的形象，你不斷的想要變成更好的人，卻因此深陷泥淖而對別人不敏感，不再能連結別人。

這些形象全都是認同出來的，當我們的人格層面尚有認同的部份就會有爭執與衝突。

有一個男子面對每一個關係都只在乎自己能得到什麼，他來到巴關這裏來與祂達顯，他跟巴關說出他跟巴關的關係也是這樣，總想著能從祂那裡得到什麼，他跟巴關說：「I am such a bad person.我不能為別人著想。我應該怎麼做？」巴關充滿愛的微笑跟他說：「Then, be bad.」這個強大的臨在馬上轉化了他。沒有任何批判，神就是允許，若巴關說你該如何的趕快改善，他會不快樂，而且也為他的小我找到工作做，「be bad」多解脫啊！當然「bad」是幽默講出來的話，重點不在很差、很爛，重點在於你是怎樣就是怎樣。

我們整個的問題就在於試著要變成更好的人，也想改變他人成為更好的人，你不接受如實如是，看到只會說：「天啊！我怎麼這樣！」或像那位信徒說：「我應該怎麼做？」想改變如實如是就是你的苦難，因為你對解脫自在的了解是錯的，你以為變好才是解脫自在，變成好爸爸、好媽媽、好人、好老師、好伴侶……，追逐要變好，那些好是ego要追逐的形象，一旦你想改變，就落入頭腦的把戲中了，真正的解脫自在是接受你所是的樣子。

巴關：

請明白覺知並不會帶你到任何地方去。它不會把你從嫉妒中釋放，它不會把你從憤怒中釋放，它不會使你成為聖人，從來也不會，它只會給你在嫉妒中的自由，給你在憤怒中的自由，在憎恨中的自由。你會停止跟它們糾纏，你會停止去改變它們。

當你有想要維護的形象時，就必須對自己說謊，一說謊內在會有衝突，有衝突造成能量耗損就會有痛苦，內在的衝突接著就顯化於外，你可能失去健康、失去和諧的關係……，這是我們心理的作法，許多的心理活動都因對自己說謊而牽動起來，如罪惡感、憤怒、失望、羞恥……。

人格的形成—制約與認同

指導老師講過一個關於大象的故事：

在印度最南端的喀拉拉省有一個非常漂亮的大象保育區，那兒的每隻大象都被一條很細的繩子栓在一棵小小的樹幹上，馴象師說牠們雖然巨大，卻無法掙脫這麼細的繩子，因為從這些大象還是個小孩的時候，牠們就被這樣的小繩子綁著，在牠們小的時候無法掙脫，現在雖然牠們已經很巨大了，但大象們已經被制約了。所以現在只要牠的腿被綁著，牠就相信牠無法解脫它，這只是一個信念。

我也曾在Discovery頻道看到過一個從小被關在牢籠裏的小象，當牠被野放到大草原時，牠竟然以為牠的世界只有籠子般大，每次往左走三步，就折回，往右走三步，又折回，一如牠在牢籠裏的不自由。

我們不也一樣嗎？就算我們現在已經長大成人了，即使我們是掌管企業的國王，即使我們看似非常的有權勢與力量，卻仍有許多細小的繩子輕易的綁住我們，使我們身陷牢籠，一個信念就足以控制我們了，讓我們沒有自由，就算上帝給了我們幸福，我們卻仍舊活在地獄裏。

在我們的孩童時期，身為一個需要被照顧才能生存的孩子，我們是脆弱的，大人講的話，我們奉為真理，巴關稱此為「童年非邏輯性的決定」。舉個例子來說明什麼叫「童年非邏輯性的決定」：

美國有一位女子，她的事業相當成功，有一對好兒女，有一個好先生，但這些都沒辦法寬解她，她始終認為自己是個沒有用的人，她去印度合一大學上課走旅程時，她經歷到她五歲時弄翻了杯子，被母親罵：「沒用！」這句話成了她的早期非邏輯性決定，她不知道母親這句話只是一時的生氣，也不知道她只是太小了還拿不動水杯，長大就會拿的穩了，她非理性、非邏輯的決定自己是個沒用的人，而這個信念從此活在她的生命中。

印度有一對雙胞胎小兄弟，有一天他們走在路上被一輛駛過泥水路的賓士轎車噴的滿身汙泥，哥哥當下做了一個「品格高於財富」的決定，弟弟則做出「有錢才有勢」的決定，同樣的情境，卻有兩種決定，並進而形成他們活出生命的一種價值與態度。

我有一個學生，他一直是聰明的孩子，他有一個聰明的形象，國小、國中成績都非常優異，順利進到了我們學校，第一次月考，他竟然是倒數的，他不能接受這個事實，他從一個眾人屬目的焦點，成為一位非常平庸的學生，所以他給了自己這個信念：「我其實是個腦袋很笨的人。」然後他又再根據這個信念有了一個決策：不念書。理由是只要不念書，成績當然就會差，成績差只是因為都沒念而已，這個成績差可以被他用來逃避當初那個信以為真的信念—「很笨」，他就這樣過著看似打混實則恐懼的日子，甚至如果哪一次只要稍微看了點書，成績反而更不理想，那個無意識的反應模式就又啟動，他說：「我就說嘛！我很笨，果然沒錯！」這個與內在的恐懼對抗的日子一直到高三的上學期，他爆發了後天的癲癇，這是很美的一刻，因為他開始轉向自己，去面對那個失敗的痛苦，那一條綁住他的細繩。

童年的經驗感受、charges、社會的制約、父母的教育、成長環境……，這些都影響著我們形成人格的正面與負面。

人類集體暴力—道德教育

記得有一天在吃早餐的時候，女兒又在耍脾氣了，我一生氣回了她一句：「我最討厭這種小孩了！」結果她回了我一句：「我乖的時候，妳就愛我；我不乖的時候，妳就不愛我。」那個片刻我恍如被大師敲了一下，是啊！在這樣的內在模式與結構下，難怪我也會這樣控訴神，祂給我恩典，我就相信祂的存在，並認為祂愛我，如果祂沒有如我所祈禱的那樣回應我，我就不信祂。小孩常常像光一樣的打亮我內在的陰影模式，好讓我去看到。

我們小時候都有這樣的經驗，當我們表現的好、表現的優秀，父母師長就會讚賞我們、認同我們、喜歡我們；反之，我們就得不到認同，於是我們學會什麼是好的，什麼是壞的，並且學會拒絕成為那所謂的壞，這樣人們才會喜歡我們。我們努力的想變成更好的人只是為了得到愛，然而可悲的是一個不愛自己的人是不可能被別人愛的，當然更不可能愛別人，當我們的內在有部份被我們拒絕時，我們就是分裂的，並且在無意識中變得不愛自己、批判自己、與自己掙扎，同時也會反射出去讓別人痛苦、批判別人。

人類是很暴力的，內在的暴力來自於我們從小就不被允許表達我們自己，我們哭的時候，被罵：「哭什麼哭！再哭我打你喔！」我們生氣的時候，也被罵：「你怎麼那麼愛生氣，這樣以後沒有人要跟你作朋友！」我們考試考很好的時候被說：「又不是全台灣第一有什麼好高興的」……，沒有人允許我們哭泣、憤怒，甚至也不允許我們為自己感到高興，不能作自己、不能表達自己造成我們內在的衝突，使我們無意識的心靈深深的覺得自己不配、不值、不好，所以我們一直想要變成某種應該的形象以得到別人的愛、肯定與讚賞。

以下翻譯自《Satsang for the Youth》(合一大學出版)

內在衝突的起因：

一、小的時候，我們是這樣的人，但這個社會不允許我們作自己，或者你想要作這個，但大環境與社會不允許我們，我們於是跟我們的生活掙扎著，這樣的內在衝突持續好幾年後，你成年了。

二、同樣地，如同別人不允許我們成為我們自己，你也不能接受你的父母、兄弟、姐妹、師長、朋友是這樣，你也期待他們是別種理想的樣子，最終，導致跟每一個人關係上的衝突。

巴關說這是人類的「集體暴力」，我們每一個個人都要為這集體暴力負責。

學校裏的教育、知識、選舉模範生、選舉孝親楷模、律法、道德、價值、觀點，無一不是在設定我們的脈輪、形塑我們的人格，教育告訴我們較低頻的國家意識與民族大義，告訴我們忠孝節義與倫理綱常，記得小時候的道德教育每週總有一個中心德目，如：「我有好品格」、「我不說謊話」、「我勇於認錯」、「我會常說請、謝謝、對不起」、「我會分享」、「存好心說好話」、「我會輕聲細語」、「生氣就是拿別人的錯來懲罰自己，自己害了自己」、「原諒別人就是善待自己，對自己好」……，這些告訴我們怎樣的人格會備受讚賞，我們為了想得到讚賞學會了「應該」與「不應該」，並在無意識中深深的覺得是自己不夠好，再加上我們根本也做不到，這造成了內在的失衡與衝突。

並不是說這些倫理綱常是不對的，而是這些道德不能是被努力做出來的，因為那只不過是出於頭腦的恐懼與慾望，在沒有愛的恐懼與希望得到愛與認同的慾望底下作出來的，那不是真的道德，道德必須是在接納自己的不夠與不足之後自動發生的，就像巴關談到的「寬恕」一樣(詳見附錄)，那是一個更高的意識活動，不是小我說要寬恕就可以寬恕的，你必須從受害者的我執中解放出來，你需要處理的是你的charges，而寬恕只是處理自己後自然的結果，如果你「去」寬恕，那不過是帶著痛苦給出的一個具「我慢」的寬恕，那不是真正的寬恕。

就如奧修所言，態度來自頭腦，但是生命卻超越頭腦，海洋中的一朵浪花對海洋能有什麼樣的態度呢？一片草葉對地球、月亮、太陽、星星又能有什麼樣的態度呢？所有的態度都是自我中心的，所有的態度都是愚蠢的。態度不允許你去觸及生命本身，它扭曲生命，曲解生命。

這種道德教育就像西藥，是一種對抗療法，有著立竿見影的假像，然而內在的衝突卻導致更大的災難顯化，我們需要的不是表象問題的清除，而是能正本清源，帶我們回到舊傷處去處理，將這個受了傷的內在小孩接收回來，免疫功能恢復了，其它就讓身體免疫力自行去運作，重現健康，同樣地，經驗完原始的傷痛，就能展現出一個健全的人格，有愛的人格，他自動會慈悲、會寬恕。如果你是一個害怕被評論的人，那麼一定是你以前曾被無情的評論過，有一個charge在你的內在振動，由於未充份經驗，所以腦袋裏想像了一個害怕出來，你必須再次經驗那個痛，經驗完後，你就會有較健全的人格，能夠如實的看待別人的議論，並不是說不會再有人評論你了，而是被評論不會再讓你感到害怕。

人格、形象、信念就是制約、就是認同，就是束縛我們的繩索，就是使我們不自由的牢籠。

發現你的所愛

有一位語文資優班的學生，之前教她們班的時候就知道她父親逼迫她去念軍校，導師還為了她跟家長數次的溝通與勸阻，還請輔導室介入幫忙，但都沒有能改變她父親的想法，那一陣子，學生的身體狀況開始每下愈況，心情也跟著低落，最後她當然是入伍了，本來一頭飄逸的長髮，在大家都還在放暑假的時候就提早削掉了，連我看到都吃了一驚，因為很短，反差太大。

半年後我在學校裏又看見了她，心中第一個疑問是她怎麼蓄起了一頭長髮？第二是這個時間她怎麼會在這兒呢？後來才知道，她長了一個奇怪的腦瘤，忽大忽小的，不能開刀，也不能不作化療，就只能先觀察，她所唸的軍校也只能用這種方法才離開的了，因為身體因素，她成功的退學了，努力的準備轉學考，現在她是師大文學院的高材生。

內在的衝突、掙扎與心靈的渴望是那樣大，你無法違背你的心。

◆合一大學事例一

幾年以前，一個學習實驗物理的男孩前來面會巴關，他的臉上長滿了面皰，臉色蒼白，看起來相當絕望，他對巴關說：「巴關，我不知道我的人生該做什麼，以前我在學校時很喜歡物理，但自從我上大學學習實驗物理後，我喪失了所有對學業的興趣，我滿腦子都是慾望和暴力思想，什麼都無法做。我和我的父母及教授都處得不好，我不知道我是怎麼了？我對未來充滿恐懼，我現在甚至不想交朋友。我唯一確定是，我和剛上大學時的我，已經不是同一個人了。」

巴關看見他的眼睛，告訴他：「照我說的去做，從實驗物理改修理論物理，你的問題就解決了。」男孩回到家，幾個月後他充滿感激地回來找巴關，他的面皰消失了，臉上容光煥發，他的問題已經消失了。

「內在誠信」就能找到你的熱情所在、找到你心之所嚮。這位男孩一轉向自己面對他的慾望與暴力，他馬上就看見他痛恨實驗物理，再往內，他看見這個痛恨來自於害怕、來自於一個charge，因為他的叔叔是印度知名的物理學教授，在他年幼時就告訴他：「只有傻瓜才會作實驗物理，聰明的人要研究理論物理。」於是他有了一個非邏輯性的決定，覺得自己不夠好才會唸實驗物理，並對實驗物理有偏見，一個不夠好的害怕，引出了性慾與憤怒，這是有科學根據的，如果十里外有一群蛇死掉，這兒的蛇就會開始下蛋、繁衍以求生存。每一個細胞有兩萬個基因，他因為害怕而想自殺，基因不想死，就將害怕轉移到性慾上。任何生物的本能都是想活下去的，想法也有生命，它會掙扎活下去。這個從小就功課優異的孩子會害怕自己在實驗物理失敗，他聰明的小我形象會死掉，於是就產生了性慾。巴關說：「害怕與性慾是很靠近的。」其實有性慾是很正常的，問題是他的性慾已經干擾到他的學業了，他害怕他不能畢業。

因此，真正的問題是那個charge，而不是性慾與暴力，當這個「內在誠信」碰觸到了一個古老的傷口，徹底經驗它，化解那個情緒負荷，當沒有了負荷，感知與經驗事件方式也將不同，然後他發現他從小喜歡的就是抽象的物理概念，當他找到他的所愛，性慾的問題、面皰的問題與暴力的問題自然就全部解決了。

問題都不在問題的表面，內在的誠實能帶領我們看見一個原生問題、一個古老的傷口，而這個古老的傷口必須再次的被經驗，當徹底經驗之後，這個害怕消失，性慾與面皰跟著消失，他有了一個健全的人格與清明的頭腦，發現他的所愛。

◆合一大學事例二

這是一個當代陶藝家的生命故事，大學畢業後，他前往牛津大學醫學院學習，即使盡了他最的的努力，他仍然無法對醫學產生興趣，在他畢業前，英國及印度就已經有許多家醫院以高薪在等著他了，但是因為不快樂，他回了到印度，把畢業證書交給父母後，他踏上了追尋「心」的旅程。他旅行到遙遠的地方，最後，他來到了南印度，在這裡，他看見一位陶藝師在製作玻璃陶器，當他看見陶藝師有技巧的運用雙手捏塑陶土，將它製成美麗的陶器時，他的內心充滿了喜悅。他決定要製作陶器成為一位陶藝師。此後，他開始設計與製作陶器，這些陶器被外銷到全世界，在短短七年的時間內，他成為世界聞名的陶藝師。

後生問題&原生問題

在衍生出來的後生問題上鑽研是永遠得不到解決答案的，真正的問題是那個charge。

例如：有一位女生總是在想她的老公愛她嗎？她的頭腦不斷的思考、不斷的問問題：「他愛我嗎？可能愛，因為……，可能不愛，因為……」但真正的問題是：她沒有被愛的感受。因為童年時，她的父親或母親沒有給她足夠的愛，童年的渴求、童年的charge才是真正的問題，懷疑老公的行為只是衍生的問題。還有更多的例子：

如：你總是喜歡質疑：「上帝為何不只造出善來就好？」但真正的問題是charge，也許是童年時，你的父親將你們姐妹比來比去，妳覺得不公平，而投射到上帝身上，覺得上帝不公義。

又如：有位信徒跟阿瑪說：「大家都討厭我，請幫助我！」阿瑪說：「是大家都在討厭妳，或妳在討厭妳自己。」她長的胖胖的，每次她回娘家，媽媽都叫她減肥、節食，因為她不喜歡這樣的自己，所以她把媽媽這句話投射成大家都討厭她。

又如：「孤單」，這亦是衍生問題，是由受過傷害的心所築起的高牆造成的。我們認為要長的漂亮、有好名聲、受人尊敬……，才會被愛，但若沒有這些，還會被愛嗎？於是透過「孤單」，我們不必漂亮、不必有名聲……，就可以輕易得到別人的注意與愛。透過「孤單」可以得到獎勵、得到別人的愛，那何必放掉衍生問題，這個「痛苦之身」可以保證自己的存在。

又如：有位醫生沮喪了十五年，他對沮喪上癮，他一直在這後生的問題上對治，但就是走不出來，因為童年的charge才是真正的原因：父親希望他當醫生，但他卻只想當個藝術家。

又如：「懶惰」，這也是後生問題，原生問題也許是母親對你有很多的操控，你抗拒這個操控。

所有後生問題都是謊言，是原生問題(charge)衍生出來的，因為頭腦要抓住衍生問題好讓自己被注意、被愛，如果繼續的耽溺於這些衍生問題上，你會執迷於自我，你的頭腦塞滿你自己而對他人不敏感，一種嚴重的分離感於是出現，你開始不快樂，而這一切只因你對自己不真實、不誠信。只有「內在誠信」才能讓我們穿越問題的表象，來到源頭。

所以，為人父母與師長的，不僅不要安排與逼迫，更要幫助孩子們發現他們的所愛是很重要的！巴關說每一個人的頭腦都有一個地方是特別的出眾的，每一個人都有，身為師長的有責任去挖掘他們的潛能、幫助他們找到他們的所愛，心之所嚮必然使創造力湧泉而出。

附錄一—
巴關教導：寬恕是自動發生的

寬恕他人是一個負面的教導。「寬恕」在外在世界是積極而正面的，但寬恕在心靈世界是負面的。你被傷害時會痛苦，你是不可能去寬恕的。被傷害時，在那兒會有痛苦，那麼和痛苦在一起，痛苦會自己轉化，並不是你原諒了對方，而是當痛苦被體驗過後，那個傷害不存在了，所以寬恕自動就會發生。

就如同木材的燃燒一樣，燃燒過後會變成煙飄走，燃燒過後，痛苦變成了喜悅。就像你把任何東西丟進火裡，衣服、木頭、煤或你放進去的任何東西，它會開始燃燒，與這個相似的，當你能夠和傷害在一起時，傷害就在燃燒。燃燒會提供你能量，當它給你能量，你就會喜悅，當你喜悅時，你怎麼會不原諒他呢！

所以，**所有的事情必須自動發生**，如果你試著寬恕，它就變成了頭腦的遊戲，那麼你永遠都無法寬恕的，你如何能寬恕一個一直在傷害你的人，那是不可能的。寬恕只能自動發生。 ~Sri Bhagavan

附錄二—

巴關教導：教育工作者的神聖責任

宇宙以一個一體相關、相互依賴的法則在運行，在它的存在中有大系統和子系統。大系統影響著子系統，而子系統也會反過來影響大系統。你會發現這個法則貫穿了整個文明、國家、社群、組織和家庭。

在教育方面，社會象徵大系統，而學校象徵子系統。你擁有什麼樣的社會取決於學校教育傳授什麼樣的形式與結構。一百個不良的學校可以影響社會，甚至造成社會的混亂。系統是非常巨大的，任何企圖帶來改變的嘗試都是一個巨大的任務，但是我們總是可以在稱為學校的子系統上努力，使變革在這個世界上發生。

作為教育者，你們每個人都帶著創造有效的教育系統的神聖責任，不僅要培養學生迎接社會挑戰的能力，並且將他們塑造為擁有更大價值觀和內在自由感的人類。

以最大的關懷與愛護培育孩子，孩子就可以自然地以愛回應。幫助孩子接受失敗，他自然就可以獲得面對生活挑戰的力量。信任孩子，他就可以學會信任。當孩子犯錯時，給予孩子擁抱，他就可以學會寬恕的美麗藝術。

最重要的是，教育孩子對自己真誠的需要，使孩子學會面對自己的情緒、思想、不足與無能，真實會給予孩子巨大的力量、勇氣與智慧來處理生活。

在生命的過程中，你就會發現孩子自然地綻放為一個成功的人。請記住，你不僅要給予建議，還要活出你給予孩子的建議，讓他可以向你學習。作為老師，你會成為他們未來的模範，因為孩子們會成為他們所看見的。

合適的榜樣有助於在孩子內在創造正確的思想，而思想形塑一個人的行動，重複的行動形成習慣，習慣形塑一個人的價值觀，價值觀形塑一個人的個性，而個性造成命運。成為偉大命運的起因，成為你所教導的。

~ Sri Bhagavan

第九章

與自己相遇

與自己相遇就是臣服、就是「合一」。與自己相遇不需要變成，因為你已經是你期待了很久的那個人了，只需要認出來，就能遇見他。

第九章　與自己相遇

成為頭腦—心隨境轉

在合一大學看了一部電影叫「虛擬偶像」(Simone)，它雖然是一部喜劇，卻也是一部發人深省的悲劇，內容主要在陳述一個落魄的導演藉著創造一個完美無瑕、無懈可擊的性感女神而東山再起，然而這個大家為之瘋狂的女神卻只是一個電腦程式虛擬出來的明星而已，他只要按幾個按鍵，一顆閃亮的巨星就此誕生：席夢。她是每一個導演心中的理想演員，她永遠都是那麼性感與美麗，而且她不需要經紀公司、經理人，永遠都不會變老，而且所有的特技動作她都可以親自上陣，也不用付她巨星該有的酬勞，她唯一需要的就是用來跑電腦程式的電力。這就是虛擬偶像席夢。

這名導演突然之間又嚐到成功了的滋味，全球最受歡迎的明星就被他控制在股掌之間，但是事情可能沒有想像中的簡單，週刊記者一直覺得這個導演一手創造的大明星好像美得不太真實，而當這個完美無瑕的虛擬偶像突然擁有自主的思想時，這位導演發現他才是那個被席夢控制的人，甚至連自己執著的藝術都得放棄，最後他終於忍無可忍，決心把她消滅掉，但是不管怎樣都無法抹滅世人對席夢形象的迷戀。

這就是我們的人生，而我們就是導演，我們創造了Simon(小我)，那個創造席夢的電腦程式，就如同創造小我的頭腦程式，小我是頭腦的產物，而且頭腦還會拼命維護她的形象，說愈來愈多的謊言，建立了許多信念，信念與謊言佔據了我們的生命、控制了我們的人生，我們都一直努力的想為自己的存在作出一個定義與解釋，並且努力要活出這個自己建立的信念，我們成了這些信念的表演者與說謊者；然而我愈努力，似乎愈糟糕，信念綁架了我們，不論怎麼努力，都不快樂，因為我們失去了自己，而那個讓我們受苦的人是我們自己，不是別人。

只有將我們所認同出來的面具、形象撕掉時，才能活出真正的自己。而最終能教導我們什麼才是永恆的真理也那個虛擬的人物。

人生如戲，這是我們虛擬的人生，小我控制了我們，就如同導演最後明白了是他創造的偶像控制了他，看電影的人怎麼可能會跳進去演呢？巴關說：「看著思想流要像看電影一樣。」這是開悟者的狀態，他們不會認同思想，如果你可以看著思想流就像看著一部電影時，你還會跳進去演嗎！如果你還跳進去演就是瘋了，難怪奧修說被關進精神病院的瘋子和一般人只差百分之一而已，因為我們一般人會跳進去演戲，這跟瘋子沒什麼兩樣。

柏拉圖在《理想國》中有一則故事—「洞穴神話」：

有一些囚徒從小就被關在洞穴中，他們背向洞口，坐在地上，這些囚徒的頭頸和手腳都被綁著，不能走動，也不能轉頭，因此他們只能看到洞穴的後壁。他們的身後是一堵高牆，牆後面有一些人形的生物走過，手中舉著不同形狀的人偶，同時牆與洞穴之間還有一把火炬，因此他們在洞穴的後壁上投射出明明滅滅的影子，並做出各種動作，顯現各種影像，這些人時而交談，時而默不做聲，在此情況下，穴中的囚徒終年只能看到投射在他們前面牆壁上的各種影像，他們自出生以來就像這樣坐著，因此他們認為世間唯一存在的便只有這些影子，受到侷限的感知狀態使他們將這些影像當作是真實的東西，也將回音當成是那些影像所說的話。

後來有一位囚犯設法掙脫了他的鎖鍊與桎梏，他問自己的第一個問題便是：洞壁上的這些影子從何而來？而你想，如果他一轉身，看到牆頭上高舉著的人偶時，會有何反應？首先，強烈的火光會照得他睜不開眼睛，人偶的鮮明形狀也會使他大感驚訝，因為他過去看到的都只是這些人偶的影子而已。若他想辦法爬過牆，越過火炬，進入外面的世界，他會更加驚訝，他會深受萬物之美的感動，這也是他生平第一次看到色彩與清楚的形體，然後他看見了天空中的太陽。

這個囚犯為自己新獲的自由而歡欣雀躍，於是他回想過去自己住在洞穴中的經驗，慶幸自己得以糾正錯誤的認識，既然已經了解到事物本身的真相，他也就不願意再回去過囚徒的生活了，寧願忍受洞穴外一切生活上的痛苦。然而，他悲憫昔日同伴的處境，回到洞穴中去，要告訴他們洞壁上的那些影子只不過是「真實」事物的閃爍影像罷了，但是他們不僅不相信他的話，還覺得他到外頭走了一趟回來，把眼睛給搞壞了，最後，他們還想把那個人殺了。

這種妄覺本身就是一種禁錮。

我們都是被囚禁在頭腦裏的囚犯，沒有自由，卻自以為有自由意志，什麼都不知道，卻以為自己什麼都知道，我們被所見所聞制約，我們的頭腦固執的有他自己的認定，負荷(charges)變成了你的實相，影子成了實體，這是錯誤的身份認同，事實上我們所看見的只是真理的影子，我們在山洞裏只能看見自己的影子，只是每一個負荷的投影，沒有人敢去面對陽光，因為當你轉過身來，自己的影子(小我)就會消失，但由於那個影子成為你的實體了，你害怕面對陽光，因為那樣你會死，然而覺醒這個旅程，回到「我是」的旅程，你必須要死在覺醒之旅中，當「小我」死亡，你才能覺醒進入永恆的當下，這才是我們真實的身份。

成為自己—境隨心轉

我們每個人應該都有這樣的經驗，當我們心情愉快，每件事都變得很快樂，路邊盛開的花兒彷彿都跟你一起歡唱生命；當我們心煩意亂時，連美妙的樂音都成了惱人的噪音，路邊盛開的花兒彷彿都在嘲笑你，整個世界都在下雨，就連雲卷雲舒都能溢出濫情的詩意。我們透過某種框架與濾鏡來看存在，一如坐井觀天的青蛙，深受感知所制約。因此，我們可以瞭解我們是如何創造出自己的世界，如何成為自己所創造世界的受害者，我們的人生是我們自編、自導、自演的恐怖片。你，於是開始粉墨登場！

真正的靈性、真正的宗教性，目的都是要幫助我們與自己相遇，巴關說：「成為自己即是覺醒。」然而「是自己」、「成為自己」是一個容易誤解與混淆的概念，你說：「我拒絕幫忙，因為我在作我自己啊！」犯了錯不道歉，你說：「因為我在作我自己！」或者說：「我要拋棄塵俗去修行，因為我要作自己」……，如此，則你不是你自己，你只是企圖是你自己，那是頭腦，你成為了頭腦，你不能是自己，因為你被頭腦控制了。

如果你是你自己，那麼你的內在必然沒有負荷，生活沒有勉強與努力，一切是自發的，你做了很多事好讓你可以企圖是你自己，卻反而失去自由，因為你努力想變成。

我們常認為自己什麼都知道，其實我們什麼都不知道，我們被宗教制約、被知識制約、被價值制約，我們對實相都有自己的明白，若我們認為那是真的，那麼也就看不見其它原本就在那兒的東西，看不到真相。

什麼是自由(freedom)？不再有失望、嫉妒、批評、憤怒、刻薄……等負面情緒嗎？那是不可能的，也就是說我們不可能擺脫它們，自由既不是免於所有負面的情緒，那自由是什麼？自由是內容的轉化(change)嗎？也不是。自由是當你能如實如是的經驗你的狀況。內在的誠實使你自由。

經驗你自己的真相，經驗你是什麼就是什麼，去觀照你的嫉妒，當你被打擾時，看著你的打擾，你會發現我們其實是想遠離當下才會被打擾的，內在有打擾代表我們的內在有衝突、分裂與不接受、不應該，當我們說我不應該如何如何時就是受苦。

2012大覺醒—
內在誠信讓生活成為一個靜心

自由是去體驗、去觀照，之後會發現，自由就是「我是」(I AM)。自由就是如實如是的活在你的狀態裏，那就可以快樂與自由，這也就是「內在誠信」正面的效益，這是人人都有的機會。幸福跟外在的情境無關，但我們卻相信有關。這裏就是天堂，你卻將他過成了地獄，一個覺醒的人不會想要改變世界，因為對覺者來說，這個世界已是完美而神聖的了。

當我們不斷告訴自己：不該、不該、不該，在不該中我們就失去了自由，而且什麼都沒發生，為什麼我們一直在作著無效的努力？我們努力要去變成某某人物已經好幾十年了，而這古老的習氣也已有幾千年了，我們花費了極為驚人的時間想去成為更好的人、變成某種理想的人，如果你去觀照內在的擾亂，這些當下的真實—衝突，你就會發現是真實的自己和應該的自己在衝突，人類內在心智都有一個完美的聖人形象，換個角度說，在我們很深的內在心智裏都不喜歡那個本然的自己，它創造出「小我」來譴責與排擠「真我」，當我們說我應該要如何如何的另一個面向，就是我不愛自己，不能接受這個自己的最佳證明，尤其，追求靈性的人會制約出一個靈性該有的形象。

不要把「成為自己」變成概念去努力，因為「成為自己」不是關乎你變成了誰，而是全然的看見與接納我是誰，那是一個深深的放下，所謂「放下」不是放棄、不是什麼都不管了、不是冷漠；而是允許、而是接受、是沒有執著、是承認自己無能為力、是全然的交託、是臣服。如果我們能允許自己與別人這樣表達自己，那生命就不會有問題，去享受生命的不完美吧！當你接納，完全沒有抗拒，那一刻，生命成了喜悅，外面沒有任何問題，因為「境」隨「心」轉了，如果用最簡單的一句話去解釋「合一」，我們可以說「合一」就是「是」你自己。「成為自己」是當我們能從頭腦中解脫出來，我們的感知百分百的解放，「成為自己」是當我們「空」了自己、「無」了自己，當你的裏面沒有一個「我」的執著時就是「成為自己」。「成為自己」就是臣服，「成為自己」即是「合一」。

巴關：

「歡迎自己是第一步，也是最後的一步。

你要成為你所是的，你應該成為什麼並不重要，

無論你是誰，你都是獨一無二的，

宇宙將你創造成這個樣子，神將你創造成這個樣子，

你為什麼要妨礙祂的工作呢？

臣服於神就是作你自己。

成為自己即是覺醒。」

由於我們有一個「我」存在的幻象，因此而生出：有自由意志的幻象、有一個控制者的幻象、有一個思考者的幻象、聽者的幻象、做為者的幻象……，因為有一個「我」的幻象，所以有了一個虛擬的人生，這樣巨大的幻覺，沒有神的幫助，我們怎麼可能走的出來，而「內在誠信」的實修，就是將你帶到可以遇見恩典的地方。

實相總是在我們所認為的另一端，巴關的教導常常是一針見血的直指真相，而且都跟我們所認為的顛倒：

◆不是思考者創造了思想，而是思想創造了一個思考者的幻象。

◆有選擇時，就沒有自由；臣服時，才有自由。

◆不是因為愛了，所以害怕失去；是因為害怕失去，才愛的。

◆所謂的學習指的是放下學習的過程。

◆幸福並不取決於外在的環境條件，而是取決於你如何經驗外在世界。

◆發生了什麼並不重要，重要的是什麼在發生。

自我的本質

頭腦投射出來各層面的人格與形象都只是企圖是自己，臣服乃能與自己相遇，因為自由意志是幻象，當我存在的幻覺消失時，真實的我、赤裸裸的那個我，也就是自性，才能展露他的光芒。

有一次，有個上合一覺醒課的學員，在靜心時看到一個六十四切面的鑽石，六十四切面又切出六十四切面，當她站在鑽石裏頭，所投射出去的一切都是她而已，然而當她站在鑽石的外面，鑽石往外輻射出的光芒就化為三千世界，她還說當她看到那一幕，就了悟了，她還說語言不能將她內在的體悟說明白，其實這就是自我的本質。

在《踏上心靈幽徑》這本書中也有與此相似的故事：

曾經有一位中國皇帝詢問一位佛學大師，是否能以可見的方式描述自我本質。這位大師製作了一個有十六面牆壁的房間，每一面牆由地板到天花板都鑲上鏡子，房間正中央點燃一隻臘燭，皇帝進入時，就看見一根燭火以千萬種形式展現，每一面鏡子都由近至遠展現無數臘燭。大師接著以一塊水晶取代臘燭，皇帝看見水晶在每個方向的反射。當大師指著水晶，皇帝看見房間裏的千萬顆水晶也反射在水晶裏面。這位大師指出，最小的粒子也包含了整個宇宙。

巴關說「我」是由一切萬物所定義著的，我就是萬物，萬物即我(詳見附錄)，《吠陀經》(印度七千年前聖典)中用「因陀羅網」的比喻，說明世界的全息特性：「其網之線，珠玉交絡，以譬物之交絡涉入重重無盡者。通路記曰：『忉利天王帝釋宮殿，張網覆上，懸網飾殿。彼網皆以寶珠作之，每目懸珠，光明赫赫，照燭明朗，珠玉無量，出算數表。網珠玲玲，各現珠影，一珠之中，現諸珠影，珠珠皆爾，互相影現，無所隱覆，了了分明，相貌朗然，此是一重。各各影現珠中，所現一切珠影，亦現諸珠影像形體，此是二重。各各影現，二重所現珠影之中，亦現一切。所懸珠影，乃至如是。天帝所感，宮殿網珠，如是交映，重重影現，隱映互彰，重重無盡。』」這個網的每一結都纏有寶珠，其數無量，每一寶珠又都映現著其它寶珠，所有寶珠因此無限交錯相映，重重無盡，猶如眾鏡相照，眾鏡之影在一鏡之中展現，如此，在一影中又有其它眾影，眾鏡之影又體現在一鏡之中，如此重重無盡，一切事物都是相互擁有、共生共榮、相互容攝，相互依存。如果用New Age的語言，也許我們就更能了解，而我覺得把這段話翻的最漂亮的是《量子療癒場》：

重重無盡的網與線，
佈滿宇宙。
水平的線造就空間，
垂直的線成全時間。
每一段交叉的線都是單一個體。
一個單一個體就是水晶，
亮而透明的寶珠。
絕對存在的大光明，
遍照、貫連每一顆水晶。
每一顆水晶映照網中的無數水晶，
無數水晶又映照無盡的水晶，

如是無量復無盡。

《吠陀經》上說：「宇宙實相是一，卻顯化為許多的面相。」我們都是這些面相的其中一份子，我們可以說，合一的生命力就是神，我們都是合一的一份子，我們都是神的一部份，巴關說：「神是網際網路。」網際網路是一種表達，表達神的內在體驗是集體意識的彰顯，網際網路可說是神內在體驗的顯化，去經驗神的體驗，那是一種萬事萬物存在的網路，萬事萬物相互連結，每個部份都連到其它部份，每個部份都知道其它部份。所以神是集體意識，是一切。

當我們有清楚的、熱情的意圖時，就是發射訊號到網際網路了，和集體意識產生關聯。因此，當你努力的與真實的自我相遇，當你愈是認識到我是誰的真相，你就已經是在對整個世界作出貢獻了，每一個深層的體驗，在宇宙中都是共用的，一個困難的克服，一個靈性的領悟，一個偉大的啟示，都不只是你個人的收穫，同時也是人類整體的收穫，當你的光連結上神聖智能的集體網絡時，它會非常強大，它會在這地球上創造顯化，發生奇蹟，這才是真正的成長，這才是真正的貢獻，這才是真正的追尋。

巴關：

「有覺知的為地球的療癒作努力，最終也將顯現在療癒我們自己的身體上。我們屬於一個心識，這個心識源自於我們的先人，現在留傳到我們，同樣地也將留傳到我們下一世代所有的子子孫孫。這種集體苦難，或是在世界各個黑暗角落裡的兄弟姐妹們所遭受的苦難和恐懼，都會變成世界上另一個角落的人日以繼夜的夢魘。我們的歡樂和苦痛是交叉相連的，我們都是一個整體，我們不能再繼續活在分隔的幻相裡。

我們只有一個意識。我們共同生活在一個全相的宇宙裡，每個個體的合一與覺醒，都會不約而同的影響到成千上萬的人邁向覺醒的唯一實相。」

所以，讓我們踏上人世間真正的追尋—認識我是誰，而「內在誠信」是巴關認為最強而有力的工具，通常我們內在有不安時，都會向外去追尋認同，因為我們不敢面對自己，然而內在的誠實讓我們即便在最脆弱的時刻裏，也仍然勇敢的、謙卑的、覺知的、持續不斷的去觀看赤裸裸的自己，我們愛上經驗那個負面的勢能，並追隨我們的心，再加上神聖恩典的介入—deeksha，開悟不再只是夢想，巴關說：「我不談夢想，開悟的現象已經在發生！」我們只要如實的經驗我們自己，就足以療癒地球。讓自己作好覺醒的準備，就是對地球與人類最大的佈施。

附錄—
巴關教導：我是誰

基本上從心理層面來說，你就是「我是誰」這個問題，你就是問題，而一旦這個問題消失，「你」也跟著消失了，有這個問題，你就在這裏，沒有這個問題，你就不在這裏，所以問「我是誰」這個問題，其實就是「我」的依然存在，這個問題沒有答案，對這個問題的了解是：這個問題沒有答案，問題本身必須消失，順著問題的消失，發問的人也跟著消失。

那麼，假設你消失了會發生什麼？在這裏會發生的是：觀察者變成被觀察的，你被所觀察的物品定義，假設你是這個房間、電視、牆、在房間裏的人，因為這些東西在這裏，所以你就在這裏，你移向它們，你消失了，換句話說，這個教導是：觀察者成為那個被觀察的，假如有一棵樹，因為這裏有棵樹，所以你存在，換句話說，你就是那棵樹，因為那兒有個牆，你因此存在，牆就是你所成為的，你就是樹、你就是牆、你就是其他人，觀察者成為被觀察的，這是覺醒的人的狀態。

而更高的合一狀態是，你事實上就是樹，你經驗著樹，你就是牆，這是終極的合一，所發生的是「你」消失了，不管在那兒的是什麼，都是你，你不能是誰，因此，你是一切，一切是你，不是你變成那些東西，而是那些東西在這裏，你因此在這裏，你被別人定義著，但作為一個人已全然消失。

這些都不是可以被了解的，不管我說多少，你都是無法認知它的，你必須去經驗，現在在印度有愈來愈多的人以達到這樣的狀態，我確定你們很快就會有這樣的狀態，你自己去經驗才能了解，除非你能到那邊，否則不管我怎麼說都是不能被了解的，當這個狀態發生，感官速度會放慢，你看到我，就不會聽到我，聽到我，就不會看到我，所有的感官功能都是各自獨立的，但它們發生的那麼快，以致於你以為它們全一起運作，因此你感覺到：「你」在這裏。如果我將感知速度調慢，「你」就會消失，這就是我所說的神經生物上的轉變。

~Sri Bhagavan

後記——誠實的面對自己是靈修全部的過程

許多人對於靈性有著許多對對錯錯的理解：吃素是靈修、打坐冥想是靈修、學些能量治療是靈修、有神通是靈修……，甚至有許多人把靈修當消費與時尚，彷彿有一張集點卡，不斷的上課累積點數，就能代表靈性的成長。事實上，靈性的成長與意識的提升只要錯過了誠實面對自己的內在狀態，一切就都只是原地踏步而已，也許你靈修的幾十年，靈性卻沒有一點成長。

靈修的最終目的是要碰觸到我們的自性，或者你叫祂神性、佛性、空性、合一，然而這樣的神性包裹在自我存在的幻覺裏了，除非你看到你是誰，除非你看到全部的你，否則在你的無意識中有著太多不能接受自己的地方，當你不能接受你自己，你與自己的分裂，下一步，也就開始與他人分離，因為你會拿著一樣的量尺批判別人、否定別人，那麼合一在哪裏？靈性在哪裏？

透過一步一步加深的「內在誠信」，你會來到一個點：帶著慈悲的了悟，看遍小我的所有技倆，你看到了自我的存在是一個巨大的幻覺，它來自於你的認同與charges(未經驗完成的情緒負荷)，認同於你的思想、情緒以及那些你投注了詮釋的生命故事。當你深入的作「內在誠信」的自我探索，你發現，你對於你自己的認識都是虛幻不實的，你對於你自己的認識都是頭腦告訴你的。

因為我們太害怕面對自己了，實相總是令人難受的，人世間已有那麼多的傷心、害怕、挫折與沮喪，我們怎麼可能還要去看內在那些坑坑疤疤呢！所以我們不想去看，我們(頭腦)對自己說了許多謊，從來也沒有任何師長告訴我們去正視它的重要，現在合一的教導告訴我們，只有當我們更靠近自己，才會發現這些故事、這些自我形象、這些人格全都是認同出來的而已，「我」根本就不存在。

去看見自己在說謊：明明是因為內在恐懼的黑洞，卻說成自己有多愛小孩；明明是在炫耀自我，卻說自己在做善事；明明是內在小孩受傷了，卻說上帝對你不公不義；明明不高興，卻假裝熱絡；明明是自己內在還有抗拒，卻說都是別人不好……，去看到美好形象的背後是什麼？實相是什麼？因為我們不要頭腦給我們的解釋，我們要的是本來就在那裏的真相。頭腦裏沒有覺知，深入的「內在誠信」就是覺知。

「內在誠信」的旅程是一個戰士的旅程，必須帶著謙卑、覺知與勇氣往裏頭走，然後，自我存在的幻覺就會開始在你的覺知之光中稀釋，逃離苦難只會讓我們離神性愈遠。我們一起上路吧！巴關說：「**靈性的旅程開啟於了悟本性，也終結於了悟本性。**」

對自己真實，才能夠知道自己的真相，任何其他的方法都不會看到你的實相，這是讓你能解脫的關鍵，錯失了看見自己的實相這一塊，靈性永遠不會成長，即使打坐再久、上的課再多、學再多技巧……，少掉了「內在誠信」這一環，意識就不可能成長，我們也就不能看見這個自我有多麼深入於我了，所以，意識的成長永遠只透過誠實的面對自己而發生。

巴關：「當意識意識到他自己時就是創造。」那個意識到意識自己的就是「內在誠信」，因此，當你的內在有被打擾的感受時，逮到它，不要批判別人，當然也不要譴責自己，而是看向你的內心，以內在的誠實去觀照與覺察，我們的內在有什麼在發生，這樣就夠了，只是去看而已，沒有其它要做的了，看見並去體驗，其它的一切就會自行開展。

看看封面書名的英文譯名吧！To see is to be free！巴關說：「**因為你沒有看到，才會覺得無聊；你覺得生命很無聊，沒有意義，所以你創造出很多慾望，想要這個想要那個。但是，如果你真的看到內在所發生的；當下發生了甚麼？你會有極大的喜悅，你有極大的喜悅時；你不會再想要這個想要那個，想要任何東西。**」看到什麼？看到我是誰，看到我們已經是那個我們尋找很久、期待很久的那個人了，這就是佛法中說的「眾生皆有佛性」，《華嚴經》也有「一切眾生具有如來智慧德相，但以妄想執著，而不證得。」因為有小我存在的幻覺，使我們無法體證自己已然開悟的本質，因此靈性解脫之旅不在於努力去成為更好的人，或者努力革除問題，在外在世界，我們是須要努力，因為這是一個行動的星球，但是在內在的世界裏，我們是被動的、無為的，唯一須要的只是去認出來而已，內在的誠實就是幫助我們認出來最好的工具與幫助我們覺醒最好的準備，真的對內在保持真誠，那份真誠才是真正的靈性！心外無法，你得親自去試試看！

致謝

首先要感謝的是我的先生蔡宗樺，本書中所有附錄的文章以及導言中巴關談及「二〇一二太陽風暴的影響」一篇都是他幫忙翻譯的，當然也要感謝他在我寫作此書期間或者在工作坊裏時照顧我們倆個的小孩，我非常的感激他，願恩典大量的流向他。

書中所有的體悟與穿越，我深深知道那是宇宙集體智慧的運作，也就是神性的運作，神的手總是無處不在的介入我的生命引導我，透過學生的作文、朋友電話、聊天、書本、店家牆上的掛飾……，祂知道這個體驗在我的意識上需要的，而且是一個提升意識的機會，我記得正處在風暴裏的時候，忘了是給學生寫什麼題目的作文，我一邊批改一邊覺得，這分明是天父透過他們的筆要跟我說的話，這怎麼會是學生寫得出來的：

在呱呱墜地的那一刻起，我們就放逐到這個世界，一個愛恨交織的園地，在體驗過所有的悲歡離合，在痛苦、喜悅、哀傷、徬徨、不安與掙扎中，一一體會，一一穿越，追尋到自己靈魂的完整，最終得以回到真正的歸屬，那最初一切的起點。

在必定面對的生離死別裡，重新探察自己心識，或許這是一個神聖的時刻。站在生與死的邊界上，才能更了解生命的本質。

上帝有祂最美好的計劃在你身上，你的生命，祂預備了一條專屬於你的道路，讓你走上祂這邊來，祂有祂的時間表，讓你在不同階段有不同的收穫、成長與挑戰，不論你擁有過什麼、失去過什麼，祂始終陪伴著。

……

還有許多許多的恩典，陪伴著我穿越那些靈魂的暗夜，祂有時還會透過一部卡通來給我釋疑，感謝神性的智慧，感謝宇宙愛的共謀，感謝身邊每一位「神」，無限的感恩！無限的祝福！

一個邀請

在地球同修的朋友們，在這個大覺醒的狂潮裏，我們的內在大我選擇此刻來到這顆星球就是為了參與這次的揚昇，這是我們準備了好幾世的工作，此刻有許多的化身來到這顆星球幫助人類和萬物，例如巴關，祂為了二〇一二已經準備了八百多年，覺醒的現象已經在發生，這並不只專屬於那些在山洞裏靜坐四十年的人，更發生在像我們這樣平凡的人身上，這不是一個夢想，這，已經在發生。

如果我們無法如實如是的活著，也就無法真正的去生活，只是一個受著自己小我所束縛的奴隸，是一個機器人，沒有了自由。當你知道只要「你」仍然存在，不管你是不是有錢、不管你信不信神、不管你是不是功成名就、不管你有沒有神通，無論如何都是受苦的，那麼你怎麼還可以繼續在外面去尋找可以使你快樂的事物呢！你怎能不去冒這個險呢！冒小我死去的險。踏上覺醒之旅吧！神再一次的向我們伸出了祂的手，宇宙再一次的展現祂巨大的寬恕能量，去發現我們真正是誰吧！享受這個真正一個人的旅程。

來自神的邀請函

孩子，你向我哭訴，你向我祈禱，因為我未曾如你祈禱的那樣回應你，你淚眼朦朧、你怒不可遏。聽！我聽見了你的低泣。它穿越過黝暗的太空，透過層層雲彩，最後攀上陽光之翼，直刺我心，我痛苦萬分。我的孩子，你知道，如果你的情況沒有被改變，那麼我也一樣會痛苦，因為你們都在我的裏面。

我知道你所有的念頭，如果你在痛苦裏，你的困難與心情我全都是知道的，我使你受苦，是因為我和你的承諾以及我想要幫助你，因為我深深的知道，唯有你親身經歷苦難的考驗，才能找到開啟基督意識之門的鑰匙，事實上，這道門也從來沒有鎖過，無論你如何變化，我一直在這裏。

你因褪色的童年夢想而哭泣，你因失敗而瓦解的自尊哭泣，你因被群體踐踏的個性而哭泣，你因懷才不遇而哭泣，你因為沒有人愛你，日日夜夜忍受著孤獨的侵襲而哭泣……。你輕蔑地望著自己，每每在水邊見到自己的倒影，你會不禁地驚惶逃避，那個以羞愧、負罪的眼光回望過來的人，是誰？

你還記得是誰在你的夢中播下希望的種子？你不記得了。你不記得你掙扎出生的那一刻，我曾用手輕撫你的額頭。我為你祝福之時，曾在你的小耳朵邊低訴那個祕密。記得我們的祕密嗎？你不記得了。

歲月沖去了你的記憶，多少年來，歲月在你心中塞進了恐懼、疑慮、痛苦、悲傷和憎恨。凡是這些怪獸所霸佔之處，絲毫不容美好的記憶存在。

去體察一下你認為空無一物的事物吧！在你的每個呼吸之間、在你的每個嘆息之中、在你的每一次心跳裏、在你的髮絲裏，我就在那裏，然而你早已忘了內在的神性之光，你已經是那個你尋找了很久、等待了很久的那個人了，只是你全都忘了。所以，你不能說我所給予你的沒有你期望的結果。

你怪我來的太晚，孩子，你要知道，我跟你一樣無奈，我跟你一樣都等了很久、很久。讓我靠近你，邀請你來到我這裏，邀請你來到我的聖殿拜訪我，讓我療愈你內心深處的點點憂傷，讓我清掃你靈魂背負的層層灰塵，讓我在黑夜為你擦亮滿天星光，讓我在寒冷中送你冬日暖陽，讓我賦予你一直在尋找的內在聖光。

你是我最大的奇蹟，你是我在世間最偉大的奇蹟。這是你出生時最先聽到的話，然後你才哭了，之後，你忘了這句話，而且也不相信我所說的，往後的經歷更強化你這樣的信念。你想，你怎麼可能是最偉大的奇蹟？你連養活自己的粗活都做不好；你對複雜的人生一點把握也沒有；當你被一大堆債務所困，每天一醒來就得為明天的口糧煩惱時，你算是什麼奇蹟？你說。

你什麼都不相信。你燒毀了通往樂園的地圖，你放棄了心靈平安的權利，你吹熄了榮耀之道的指路明燈。就這樣，你在無助及自憐的黑暗中摔倒了、迷路了，你憂悶交加，最後跌進自己所造的地獄中，於是你捶胸而泣，詛咒那臨頭的噩運，你不願承認它們是來自你的卑賤想法及惰行，你只想歸咎於他人，而你總是隨手一指，就找到了這個倒楣的代罪羔羊——

你怪罪於我。

你大聲控訴你身心的種種障礙、你的平凡、你的失敗、你悲慘的際遇與毫無轉機的日子……，你認為這一切都是出自神的旨意。

你錯了！

讓我們一起來清點一下你的資本。你眼睛瞎了？你耳朵聾了嗎？你是啞巴嗎？你能呼吸嗎？你的心臟有自動的在跳動嗎？你的心智衰弱嗎？你為什麼老是否定自己？總是怨嘆自己缺少別人都有的福氣！你還有什麼理由自欺說你無力改善自己的生活，你為什麼像個被擊倒的巨人，哆嗦地縮在陰暗的角落，等待別人的同情，護送你到虛無及消沈的地獄裡？你擁有這麼多，你的福氣已溢出了你的杯外，我毫無保留，忠實不二地賜給你這些福份，你卻一副不屑一顧的模樣，十足像個被奢逸生活寵壞的孩子。

回答我。

回答你自己。

我知道你早已將自己棄置於荒冷的墓地，對自己的失敗耿耿於懷，以自憎、自疚來懲罰自己、毀滅自己。造成你失敗與痛苦的只是你自己的想法。我已拯救過你好幾次了，你甚至沒有表達過你的感謝，你是被愛的，你是被照顧的，你只要看看你的生命就會知道，我透過生命引導著你，我無處不在，你不可能在一個地方看見我，卻在其它的地方看不見我，因為我充滿了整個宇宙。

你是不是奇怪，在你無法寬恕自己以前，我早就寬恕了你，你的失敗、你的過錯以及可怕的作為！你覺得奇怪嗎？只因為你是我的愛，你是我愛的表達，你負有天命在身。挺起胸膛來，你並不是造物主在生命煉金室裡開的一個玩笑，你是我的珍寶，你為什麼要貶低你自己？

今天我將一如古老的洪荒時期向你伸出我的手，握緊我的手，聆聽我的話。你需要我，我也需要你。你，從根本上就不可能與神分開，人和神是互相依賴的。請走向我，

2012大覺醒—
內在誠信讓生活成為一個靜心

我非常需要你，如果你的情況沒有被改變，那麼我也會痛苦。

你在地球上所有的生命現象都是你的限制、你的恐懼、你的思想的外在投射，你所認為的就會反映在你生命中。你是為了探索愛及與神連結而來到這裏的，透過生命中接踵而來的難題，你學習著這兩個課題，如果你不想面對這些難題，就會與我更加疏遠。

此刻，請甩掉你的外衣，回歸你內在的本然，在那裏，你就能找到我，靠近我，就是靠近你的內在真我，你一直都在邀請我與你相連，現在，就請你勇敢的冒這個險，脫去人類的外衣吧！穿越自我的妄覺，你就會找到我，我一直在你的裏面。請放心，你並不會如你所想像的那樣失掉人類的身份。

你是我的孩子，你是我的希望，你是我深深的愛，事實上，你就是我，你就是光輝燦爛的我，不再與我分離，融入我，與我合一，成為我。在這大蛻變、大覺醒的時間點上，請記起來吧！記起你自己的真實身份，當你能憶起你是誰，就會發現這裏已經是天堂。

我愛你甚於你愛你自己。

（以巴爾、阿瑪愛的話語改寫《上帝備忘錄》。所有的神都來自單一的源頭。）

謹以此書獻給摯愛的Sri Amma Bhagavan

Amma Bhagavan Sharanam

國家圖書館出版品預行編目資料

2012大覺醒—內在誠信讓生活成為一個靜心 / 李瑋如著
--初版-- 臺北市：博客思出版事業網：2011.9（再版）

ISBN：978-986-6589-34-8（平裝）

1. 靈修

192.1　　100003132

心靈勵志 9

2012大覺醒—
內在誠信讓生活成為一個靜心

作　　者：李瑋如
美　　編：林育雯
封面設計：J · S
編　　輯：張加君
出 版 者：博客思出版事業網
發　　行：博客思出版事業網
地　　址：台北市中正區重慶南路1段121號8樓之14
電　　話：(02)2331-1675或(02)2331-1691
傳　　真：(02)2382-6225
E—MAIL：books5w@gmail.com
網路書店：http://store.pchome.com.tw/yesbooks/
http://www.5w.com.tw、華文網路書店、三民書局
總 經 銷：成信文化事業股份有限公司
劃撥戶名：蘭臺出版社　帳號：18995335
網路書店：博客來網路書店 http://www.books.com.tw
香港代理：香港聯合零售有限公司
地　　址：香港新界大蒲汀麗路36號中華商務印刷大樓
C&C Building, 36,Ting, Lai, Road, Tai,Po, New,Territories
電　　話：(852)2150-2100　傳真：(852)2356-0735
出版日期：2011年9月 再版
定　　價：新臺幣280元整（平裝）
ISBN：978-986-6589-34-8